発達が気になる子の
# 個別の指導計画

監修 執筆　酒井幸子　田中康雄

保育園・幼稚園で今日からできる！

**Gakken**

# もくじ

はじめに —— 4

## step 1 知る 「個別の指導計画」って何？ —— 7
個別の指導計画を作るメリットは？ —— 8
個別の計画とは？ —— 10
計画を作るにあたって…… —— 12
"個"と"集団"のバランスを大切に —— 15
●こんなときどうする？ Q＆A —— 16

## step 2 準備する 子どものことを知ろう —— 17
その子の"これまで"を把握しよう —— 18
その子の"今"を整理しよう —— 22
より理解を深めるための、観察・記録 —— 24
保育の方向性を検討しよう —— 28
●こんなときどうする？ Q＆A —— 29

## step 3 実践する 計画を作成しよう —— 31
計画の作成で大事なこと —— 32
"その子"に合う書式を見つけよう —— 33
目標の立て方 —— 36
手立てを上書きしていこう —— 38
次につながる評価を —— 40
クラスの指導計画と連動させる —— 42
計画の作成例を見てみよう —— 44
●こんなときどうする？ Q＆A —— 50

## step 4 活用する 関係者で共有しよう —— 53
園内で共有する —— 54
就学に向けての共有 —— 56
●こんなときどうする？ Q＆A —— 62

基本編

## 日単位で記録・評価する 日誌タイプ ── 66
- A君のこと・保育者の願い・計画のこと ── 66
- A君の個別の指導計画 ── 68
- ●誌上プチカンファレンス ── 70

## 1年の保育を振り返る 年間のまとめタイプ ── 74
- Bちゃんのこと・保育者の願い・計画のこと ── 74
- Bちゃんの個別の指導計画 ── 76
- ●誌上プチカンファレンス ── 78

## 体に障がいがある子の 期の計画 ── 82
- C君のこと・保育者の願い・計画のこと ── 82
- C君の期の個別の指導計画 ── 84
- ●誌上プチカンファレンス ── 86

## 深く掘り下げる エピソード記述 ── 90
- D君のこと・保育者の願い・記述のこと ── 90
- D君のエピソード記述 ── 92
- ●誌上プチカンファレンス ── 95

実践編

## 自治体が作った書式による 期の計画 ── 100
- Eちゃんのこと・保育者の願い・計画のこと ── 100
- Eちゃんの期の個別の指導計画 ── 102
- ●誌上プチカンファレンス ── 104

## 話し合いを中心とした カンファレンスタイプ ── 108
- F君のこと・保育者の願い・カンファレンスのこと ── 108
- F君のカンファレンスシート ── 110
- ●誌上プチカンファレンス ── 112

## 就学を支援する 移行支援計画 ── 116
- Gちゃんのこと・保育者の願い・計画のこと ── 116
- Gちゃんの移行支援計画 ── 118
- ●誌上プチカンファレンス ── 120

## おわりに ── 125
- 執筆者紹介 ── 127
- 「個別の指導計画」索引 ── 128

## はじめに

　本書を手にとっていただき、心から感謝いたします。
　この本は、日々子どもの育ちに付き合い、常に親の思いに寄り添おうとする保育者の実践の書です。

　「個別の指導計画」というと、どこか硬く、しっかりした計画書をイメージするかもしれません。なかでも、よくいわれるＰＤＣＡ（Plan-Do-Check-Action）やＰＤＳ（Plan-Do-See）といったマネジメントサイクルを思い浮かべ、「目標を立て、具体的な手立てを行い検証すること」と、考えがちです。

　しかし個別の指導計画とは、子どもたちや親への実践者の思いがあって、初めて成立します。その思いは、自分を責めるものであったり、大きな戸惑いであったり、また、ささやかな自負を生み出すこともあります。まさに、血の通った「思い」です。
　これからの未来を背負う子どもたちと、わずか数年、されど数年かかわることは、時に身が引き締まる、あるいは逃げ出したくなるようなお仕事かもしれません。
　『かかわり』とは、"関係をもつ"という意味だけではなく、"重大なつながりをもつ"とか"影響を及ぼすこと"であり、"こだわり"という意味も含まれるそうです。これらの意味を心に留めて、日々の自分のかかわりを思い浮かべつつ、読んでいただけるとうれしいです。

　本書を読んでいただくと、次のようなことに気づかれるかもしれません。

　　1．個別の指導計画って、結構自由な書き方がある。
　　2．個別の指導計画は、書きながら、実は自分の保育理念や思いを点検する作業になる。
　　3．日々の忙しさのなかで、時になんとなく通り過ぎてしまう事柄に立ち止まり、子どもとの時間を振り返る時間がもてる。
　　4．別の保育者の言葉を読みながら、感性の相違や子どもを見つめるまなざしの相似を知ることができる。
　　5．わたしたちが勤めている園って、こんなに素敵な"育てる力"がある。

　そして日々、なかなか結果の見えにくいかかわりをされている保育者へ、少しでも勇気と自信を贈りたい。実は、本書の目的のひとつがそこにあります。
　どうか、たくさんの感想を聞かせてほしいと思います。

日々の『かかわり』に、心からの感謝を込めて

田中康雄

# 基本編

「個別の指導計画」の内容や作成の基本を、
解説します。

まずは準備としての情報収集や、観察・記録。
計画を作成し、実践して、評価して、また再検討して……
といった保育の流れに沿って、
具体的に説明していきます。

「初めて作る」という人も、
この基本編を読めば、
計画作成にまつわる一連の流れや書くポイントについて、
イメージをつかむことができるでしょう。

step 1

# 知る

## 「個別の指導計画」って何?

なぜ、個別の指導計画を作るのか、
だれが、どのように作るものなのか、
について解説します。

# 個別の指導計画を作るメリットは？

個別の指導計画を作ることには、どのような意味があるのでしょうか。
まず、「実際に計画を作ることで、メリットを実感した」という保育者の
体験談を紹介します。

### Aさんの場合 (幼稚園勤務)
### 「個を見ることは、学級全体を見ることだと実感しました」

　以前わたしは、個別の指導計画を作成することや、親子を心理や発達の専門家につなぐことに抵抗を感じていました。「"この子はこの子なりに成長している"──そこに焦点を当てればいい」「個別に計画を作ったり、専門家につないだりすることが、その子の特別視につながるのでは」という思いがあったのです。また、日々とても忙しいのに、さらに負担が増えるのは嫌だな、個別の指導計画をなんのために書くんだろう、本当に子どもが変わるのかな……などと、後ろ向きでした。

　そんななか、「絶対に意味のあることだから！」という園長先生の押しの一手で始まった個別の指導計画の作成。戸惑いつつ、他園の計画を参考にしながら手探りで作った計画でしたが、**書くことによって、まず"その子の今"が整理できました**。そしてその子のことを振り返るなかで、「この子が困っていると、○○ちゃんがいつも助けてくれる」「□□君がこんなかかわり方をしてくれた」など、**周りの子どもたちの姿も見えてきたのです**。その子とのかかわりに戸惑っている子がいれば、「その戸惑いはどこから？」「よりよいかかわりになるにはどうしたら？」と考えます。"個"の計画ではありますが、他の子どもたちも含めての**"育ち合い"という視点、"学級としてどういう方向を目指していけばよいか"という学級経営の視点**にもつながりました。また、専門の先生からのアドバイスで、その子の実態や育ちについてより理解が深まり、子どもを頑張らせすぎないことや、スモールステップでねらいを立てることの大切さなど、新たな視点をもつことができました。それはその子や保護者にとって、また、わたしたち保育者にとってプラスになることも実感しました。

　日々、やっぱり保育の仕事は大変です。しかし、個別の指導計画を作成することが苦しいこと、大変なことになるのではなく、**"その子に近づけるうれしいこと""新たな発見ができる場所"**、そんなふうに考えていけるといいなと感じています。

### Bさんの場合（保育園勤務）
## 「計画を作って、わたしも子どもも少し楽になりました」

　わたしの地域では、6年前に市が個別の指導計画の書式を作り、全園がその書式で計画を作成することになりました。最初は「何をどう書けば？」と困ってしまい、書き進めてみても「とりあえず姿は書けても、何を目標にしたらいいの？」「どこまで見据えたのが"長期"目標？」とわからないことだらけ。先輩に助けを求めると、「難しいことを書こうとしなくていいよ。よくその子を見て、"どうなってほしいのか"を書いてみてごらん」と言われ、肩の力を抜いて書き始めることができました。

　個別の指導計画を作ってみると、「自分は何に困ってる？」「子どもは何に困ってる？」「生活の場面なのか…、あそびの場面なのか…」などと分析できるようになり、どこを見たらいいのかが絞られてきました。以前は目の前のことに対応するのが精一杯で、「あれも！」「これも！」「あー！また！」と、プチパニック。子どものやることなすこと「大変！大変！」という感じで、何がどう大変なのかもわからないような状況でした。計画を作るうえで、子どものことをしっかり見たり、「要因は何？」と掘り下げて考えることで、**さまざまな支援の引き出しができ、保育の幅が広がった**と感じます。さらに、「その手立てはこの子だけでなく、他の子どもにも有効かも！」と、つなげて考えられるようにもなってきました。

　また、"その子への対応"を他の職員と共有するにも、これまでは口頭で伝えるのみでなかなか共通認識が定着せず、形として残らないので、徹底できていませんでした。個別の指導計画を共有することで、子どもの理解やかかわり方が園全体に広がり、例えば、"Cちゃんがまた部屋から出てきてる。声をかけるべき？見守るべき？"という場面で、"声をかけると、その子はかかわってくれる大人のところへ流れてしまうことを繰り返す。今は他の職員は見守り、担任が毅然と一貫した対応をとる時期"というように、**職員全員が同じ対応をすることが可能**になりました。

　計画を検討して、見直して……と繰り返していると、どんどん保育実践が深くなっていくのを実感しますし、それが自分の財産になると感じています。完ぺきなものを作る必要はないので、まず、自分なりに書いてみるとよいと思います。大変さが整理されてくると、少し心の余裕が生まれて**自分自身も楽になりますし、何より、子どもが楽になる**のではないでしょうか。

# 個別の計画とは？

"個別に計画を作成する"とは、どういうことなのでしょうか。
概要を説明します。

## 保育現場に求められている「個別の計画」

2007年度に特別支援教育がスタートし、2009年度に新しい保育所保育指針と幼稚園教育要領が施行されました。どちらにも、配慮を要する子どもに対して、個別に計画を作成することが望ましいと明記されています。

> 保育所保育指針第4章1（3）のウより
> （ア）障害のある子どもの保育については、一人一人の子どもの発達過程や障害の状態を把握し、適切な環境の下で、障害のある子どもが他の子どもとの生活を通して共に成長できるよう、指導計画の中に位置付けること。また、子どもの状況に応じた保育を実施する観点から、家庭や関係機関と連携した支援のための計画を個別に作成するなど適切な対応を図ること。

> 幼稚園教育要領第3章第1．2より
> （2）障害のある幼児の指導に当たっては、集団の中で生活することを通して全体的な発達を促していくことに配慮し、特別支援学校などの助言又は援助を活用しつつ、例えば指導についての計画又は家庭や医療、福祉などの業務を行う関係機関と連携した支援のための計画を個別に作成することなどにより、個々の幼児の障害の状態などに応じた指導内容や指導方法の工夫を計画的、組織的に行うこと。

これらの記述から、「個別の計画」とは、"一人ひとりのニーズに応じた指導が、家庭や関係機関と連携しながら、計画的・継続的に行われるようにするためのもの"であるとわかります。

しかし、"どのような形式で何を書くのか"が示されておらず、サンプルもありません。そのため、「どのように作成したらいいの？」という戸惑いの声が多く、保育現場での認知度はまだ低いのが、現状のようです。

## 「個別の計画」それぞれの役割

　「個別の計画」と一言でいっても、実はいくつか種類があり、言葉が似ていてわかりづらいという声も多く聞かれます。ここで、それぞれの役割について、整理しておきましょう。名称は地域によって異なる場合があります。

- ●「個別の支援計画」
生まれて障がいがあるとわかったときから生涯にわたり、各発達段階に応じて、適切な支援を行うための計画。地域と家庭で連携して作成。

- ●「個別の教育支援計画」
小学校入学前から卒業後までの、学齢期を中心とした支援計画。学校が中心となり、保護者や関係専門機関と連携して作成。

- ●「個別の指導計画」
個々の子どもの実態を把握し、園や学校で具体的な支援や指導を行うための計画。本書のテーマ。保育園や幼稚園、学校が中心となって作成。

　直接保育者が作成にかかわるのは、三番目の「個別の指導計画」で、障がいのある子や発達の気になる子に対し、きめ細かな指導を実現するために作成します。本書ではこの「個別の指導計画」について掘り下げていきます。

## 保育に「個別の指導計画」が必要な理由

　ではもう少し具体的に、「個別の指導計画」の必要性について考えてみましょう。クラスの指導計画は、園や子どもの実態に応じて乳幼児期にふさわしい生活が展開され、一人ひとりが必要な体験を得られるように作成されています。しかしこれらは通常、クラスや集団を対象に書かれています。保育者が個々の子どもの成長を願うとき、障がいの有無にかかわらず、その子にとって必要な支援を考えると思います。それが、「個別の指導計画」につながるのです。

　日々、子どもたちはそれぞれのペースで変化していきます。そのため、うっかりしていると、「いつの間にか育ったね」「なんとなく変わったね」という感覚に陥ってしまうことがあると思います。個々の特性や困り感を踏まえた計画を明記しておくことは、"子どもの育ち"に対する**保育者の"予測"、抱いた"期待"、実践した"記録"、これらのうえでの"結果"**を残すことになり、個人の育ちを丁寧に把握するうえでもとても役立つでしょう。また、保育の方向性も明確になり、適切な支援が行いやすくなるのです。

# 計画を作るにあたって……

ではここから、個別の指導計画について具体的に考えていきます。
まず、"だれが""どんなことを"書くのかなど、
その概要を把握しましょう。

## "だれが"書くの？

　自治体や園によって方針はさまざまですが、"加算配置（加配）※"が適用されている園や、フリーの保育者が専任でついている場合は、加配や専任の保育者が作成する傾向があります。一方、加配や専任の保育者がつかない園では、担任が作成する場合が多いようです。

　どちらの場合でも、計画の作成にはそれなりのエネルギーが必要なので、ひとりで抱え込んでしまうと大変です。また、加配などの専属の担当者が子どもを見ている場合、気になる子が"加配の子"になりがちです。加配保育者と担任とで連携し、主任や園長に相談するしくみをつくるなど役割分担し、複数の目で見ていけるような体制をつくることも大事です。

〈 園内における個別の指導計画作成に関する職員の役割分担 〉

**園長**
（全体の見通し役／必要な場合は保護者への対応）

**主任**
（担任と専任、対保護者の調整役でありアドバイザー／職員全体への情報共有を促す役割）

**担任**
（クラスの指導計画を作成し、専任がいない場合は
個別の指導計画も作成）

**専任（加配・フリーなど）**
（担当する子どもの個別の指導計画を作成）

専任が個別の指導計画を作る際は、担任と相談しながら作成。もしくは作成後に共有して、クラスの計画との連携を図る。迷ったときは、共に「子どもの姿」に立ち返り、一緒に検討する。

※加算配置（加配）…障がいのある子どもが保育園・幼稚園に入園した場合、「障害者手帳」や主治医の「診断書」により、市区町村が子どもへの一定の配慮を認め、専任の保育者などを確保できる予算を配布すること。その条件や配慮の内容は、自治体によってさまざま。

知る step 1

## 園外の人にも協力してもらおう

　計画を作成するには、子どもの発達状況を把握し、育ちの見通しをもって、目標や保育内容を検討する必要があります。専門家でなければわからないこともありますので、積極的にアドバイスを受けるとよいでしょう。

　突然、発達の気になる子どもの担当になったけれど、園で個別の指導計画を作成した前例がなく、園長や職員の理解や協力も得られにくくて、悩んでいる人もいることでしょう。そのような場合も、ひとりで悩まずに、ぜひ地域の専門家に相談してみてください。

〈 相談可能な専門家 〉

・医師（担当医や園のかかりつけ医）
・療育士や臨床心理士・臨床発達心理士
・特別支援学校の教師
・地域の特別支援コーディネーター
・巡回相談の担当者
・保育カウンセラー　　　　　など

## "形式"は決まっているの？

　**「個別の指導計画は、このようなフォーマットで作成しましょう」というような、決まった形式はありません。**自治体によっては、統一した形式がある場合もありますが、多くは園、もしくは担当者に任されているのが現状です。同じ園であっても、子どもの様子や必要な配慮によって、形式が変わってくることもあるでしょう。また、記録が指導計画の代わりになっていたり、ケース検討会が実質的に計画を兼ねていたりと、実にさまざまです。

　何が正解というものではなく、提出するものでもありません。**自分の園や担当する子どもにとって、どのようなあり方が適しているのか、保育に活用しやすく、楽しく書けるスタイルはどれか、**本書に出てくるさまざまな例も参考に、次のようなことを意識して検討してみましょう。

☐成育環境や療育の状況など、多面的な視点からその子の実態を把握する。
☐個別のニーズに対応するものである一方、園生活全体も考慮した内容にする。
☐保護者との関係づくりを大切にし、保護者の理解と協力のうえでの作成が望ましい。
☐指導計画の活用・保管については、個人情報保護の観点から慎重に扱う。

## 障がいの専門知識はどの程度必要？

　ずばり答えてしまうと、**障がいの専門知識はなくても大丈夫！**　個別の指導計画は作成できます。現在、発達障がいについてテレビ番組で扱われることが多くなり、書籍やインターネットの情報も豊富になりました。研修会も充実しており、発達障がい学を熱心に学んでいる保育者もいます。その情熱はすばらしいものですし、確かに子どもの姿や状況を理解し、支援を検討するのに、障がいの基礎知識があるにこしたことはありません。
　しかし、保育者には"障がい観"による視点以上に、次の視点こそ、大事にしてほしいと思います。

□保育の専門家としての知識（保育学）と、子どもを見る目（子ども観）。
□地域性、個々の家族構成や考え方など、子どもを取り巻く社会情勢の把握。
□子どもの言動に対する、「何か違う」という気づき。「どうしてかかわりにくいのだろう」
　といった"わかりにくさ"への率直な感想。

　"気づき"を、"発達障がい学"という専門知識だけで説明するのではなく、**"保育観"を下敷きにした保育者従来の視点を文章化すること**。それこそが大切な視点です。
　くれぐれも、子どもの言動を症状のように抽出した、"発達障がいありき"といった計画になってしまわないよう、注意してください。後から見返したとき、ただ状況が並んでいるのではなく、その子の表情・声・動きが思い出せるような内容になるとよいですね。

# "個"と"集団"の バランスを大切に

園は集団生活の場であり、子どもが初めて経験する社会の場となります。
集団だからこそ経験できることを、大切にはぐくんでいきたいものです。

## "共に育つ"という視点を大事に

　現在、特別な配慮の必要な子どもに対する個別対応はだいぶ充実してきています。しかし、一対一のかかわりであればOKな子が、集団に入ると問題が生じる……ということもあるようです。いつまでも一対一の関係のみで見るのではなく、保育者が「この子を集団の中でどう位置づけるか」という意識ももたなければ、小学校に上がって困るのはその子自身です。**そもそも園は障がいのある子もない子も、共に生活する場**であることは大前提。保育者はインクルージョン※の考えを基本に、時に「この子が社会で生きていくために」という視点で考えることが必要なのかもしれません。

　また、障がいのある子もない子も一緒に生活することは、障がいのある子だけでなく、実は周囲の子どもたちを育てることにもなります。「"違う"ってどういうこと？」「○○ちゃんも一緒に運動会を楽しむには？」など、一緒に過ごすなかで、子どもたちはさまざまなことを学びます。クラスの指導計画、個別の指導計画をそれぞれ検討するうえで、このような子どもたちの"育ち合い"も視野に入れると、内容がより充実するでしょう。

## 保育者の専門性を高める機会に

　「個別の指導計画を作成することで、その子を特別視してしまう」「差別につながるようでためらってしまう」という声が聞かれることがあります。本来保育とは、一人ひとりの育ちに合ったものであるべきで、できれば全員分の指導計画を作成したいところ。しかし現実的にそれは不可能なので、せめて特に配慮の必要な子について、個別に計画を作成するわけです。個別の指導計画を作るには、その子をよく見ることが大切です。それは**"特別視"でも"差別"でもなく、「この子を理解したい」という思いから生まれるもの**ではないでしょうか。そのような思いで取り組んでいるうちに、保育者の子どもを理解する力や、発達を見る目が養われていきます。それは"ある特定のひとりの子"だけでなく、"クラス一人ひとりの子どもをしっかり見る力"にもつながり、発達の専門家である保育者の資質を高めていくのです。

※インクルージョン…子どもは十人十色であり、そのなかにハンディのある子がいるのは当たり前という前提で、違いを認め、個々の教育ニーズに対応し、すべてを包み込む学級・学校・社会が望ましいという考え方およびその方法。

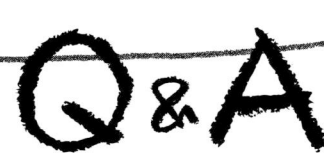

こんなときどうする？ **Q&A** 個別の指導計画の作成・活用について、また、計画に関連する保育実践の悩みに、監修の先生が答えます。

**Q** 加配の先生と協力して、個別の指導計画を作成したいと思いますが、温度差を感じています。

田中康雄先生

**A** 複数の保育者で子どもを見ると、多面的な理解が得られるのと同時に、子どもへのかかわりで個人差が生じることもあります。同じ子どもの言動でも、許せる人と厳しく対応する人というように、人による差異がありますよね。

大切なのは、職員同士で"子ども観"を認め合い、個々の対応の差異を知っておくことです。底辺にある自身の子ども観がぶれないことを前提に、「この人は子どものどこを見て、どんな思いで対応しているのか」を、相手の身になり、その心を想像することです。すると、その人の子どもに対する気持ちが確認できます。可能な限りその足元は、ある程度共有しておきたいですね。

また、なんでも「自分で頑張ろう」と抱え込むとつらくなるので、「ここはあの人にお願いしよう」と、振り分けることも大切です。それって、相手を信頼していることにもなりますよね。

**Q** 一対一だと安定している子が、なかなか集団には入っていけません。どのように計画を考えていったらよいでしょうか？

田中康雄先生

**A** この問いは、今その子は集団の中では難しさをもっているけれど、一対一だと安心してくれるということを意味しています。まずは、安定した"個"とのつながりを重視しつつ、どのように"集団"を安心の場にしていくかを焦らずに考え、試行していくことです。個別の指導計画の難しさは、こういった"個"と"集団"のバランスにあります。

子どもが初めて集団で生きる場となるのが園。「この子が集団で生きるために、今、個としてどのような取り組みが必要か、集団の中でどのようなかかわりが必要か」ということを、その子の日常を知る保育者が楽しく考えてほしいと思います。それが保育者の専門性であるという、自覚と自信をもってください。

# step 2 準備する
## 子どものことを知ろう

まずは、子どものことをよく知るための
情報収集や、観察・記録について、
解説します。

# その子の"これまで"を把握しよう

計画作成の前に、まず"その子"をよく知ることからスタートしましょう。
子どものこれまでの育ちについて、何を手がかりに情報を集めたら
よいかを解説します。

## 入園時に障がいがあるとわかっている場合

子どもが入園する時点で、特別な配慮や個別の指導計画の作成が必要だとわかっている場合に、押さえておくとよいポイントを挙げてみます。

### ●成育歴の確認

だいたいどこの園でも、入園前・入園時に保護者が提出する書類に成育歴の記述が含まれており、そこで以下のようなことを確認します。

特に発達状況は、子どもの特性を把握するためにも、重要な情報となります。

※入園時の年齢によって内容が変わります。
□妊娠〜出生時の状況
□健康状況
□発達状況（生活面／運動面／言語／社会性・人とのかかわり／行動面／興味・関心　など）
□家庭状況（きょうだい、祖父母のことなど無理のない範囲で）
□支援状況（かかりつけの医師や療育機関など）　　　など

## 準備する STEP 2

### ●面談

　できれば親子面談にして、園長と主任、または担任が対応するとよいでしょう。その場合、園長が保護者と話をし、主任または担任が子どもとやり取りをして様子を見ます。保護者には、以下のようなことを確認しましょう。

☐子どもの詳しい発達状況（成育歴で確認しているような生活や運動面、言葉などについて）
☐小さいときの様子（買い物に行くとよく迷子になった、何度か車にぶつかりそうになったことがあるなど、"そういえばこんなことがあった"というエピソード）
☐健診の結果（1歳半、3歳児健診など）
☐かかっている病院や療育機関
☐診断名や特性
☐保護者の不安や願い、園への要望

　子どもとのやり取りでは、以下のような点を意識して見てみましょう。

☐座っていられるか。
☐あいさつの様子はどうか（目が合うか、表情はどうかなど）。
☐名前を答えられるかどうか。
☐指さしをした方向を見るかどうか。
☐「○○を持ってきてください」という指示に対して、どのように反応するか。
☐あそんでいる様子はどうか。
☐特に興味を示すものやこだわりのあるものはあるか。　　　など

### 医療機関からの情報提供

　子どもが病院や療育機関にかかっている場合は、専門的な見立てや療育内容が保育の参考になるため、なるべく早い段階から連携がとれていることが望ましいでしょう。保護者の了承を得て、保育者から医療機関へコンタクトをとるか、もしくは保護者を通じて書面で返答をもらうなどして、以下のような情報を入手しましょう。

☐ **主訴**
☐ **医療機関の見立て**
☐ **どのように医療機関にかかっているか**
　（通っている頻度／薬の服用はあるか／療育プログラムの内容　など）
☐ **保育現場で配慮してほしいこと、アドバイス　など**

　また、できれば園長や保育担当者が実際に療育現場を見学し、支援の仕方や使っている教材、言葉の掛け方、そこでの子どもの反応を見ると、保育のヒントを多く得ることができるでしょう。
　療育現場も、保育者から子どもの園での様子を聞くことで、有効な情報を得ることができます。

## 入園後に障がいかも……？ と感じた場合

　入園して少し経ってから、子どもの様子が気になりはじめて……というケースもあるでしょう。そのようなときは、成育歴や記録類を確認し、まず保育者自身がその子について理解を深めることから始めましょう。巡回相談があれば巡回の先生に子どもの姿を見てもらい、意見を聞くのも参考になります。

　保護者とは時間をかけて、少しずつ関係づくりをしていきましょう。最初から気になる姿や、「できた」「できなかった」という評価ばかりを伝えるのではなく、その日にあった楽しいエピソードやその子の成長など、プラス面を見つけて伝えます。そんな日常会話の積み重ねのなかで保護者からポロッと悩みが出てきたら、面談を設定してゆっくり話を聞く機会をつくります。

　一方、なかなか話すきっかけがつかめない場合も多いでしょう。そんなときは、保護者の気持ちも揺れており、不安定なこともあるため、焦るのは禁物。悩みを引き出すというよりも、「この子のことを一番よく知っている保護者に教えてもらう」という意識で、少しずつ寄り添えるようなかかわり方を考えてみましょう。例えば、「おうちではどうしていますか？」「こんなとき、どう保育したらいいかわからなくて……お母さんはどんなふうにかかわっているか教えていただけますか？」とたずねるなど、保護者のことを尊重したコミュニケーションを心がけてください。

　ただし、時には「○○ちゃんのことで大変なことはないですか？」と少し踏み込んでたずねる方が、よい結果を生むこともあります。保護者の心の動きを見守りながら、何を求められているのかを読み取ることが大事です。

# その子の"今"を整理しよう

子どもの"これまで"について情報を入手し、
実情を把握したところで、
その子の"今"について、一度整理してみましょう。

## 個別の指導計画作り、はじめの一歩

　計画を作成する前に、子どもの状況や保育者の考えをまとめて整理します。下の表を参考に、書き出してみましょう。計画をどう書いたらいいかわからないという人も、ひとまずこれらを押さえておけば、それがある意味、個別の指導計画にもなります。

● 何に困っている？

「個別の指導計画が必要」というとき、保育者自身が困っている場合が多いのではないでしょうか。例えば、ある子が集団活動で集まれない、周囲の子どもとトラブルになってしまうなど、「保育を思うように進められない」という困り感です。そういった困り感は、自分自身のことなので書きやすいだろうと思います。思いつくまま箇条書きにし、そのなかで優先順位をつけて整理すると、何が課題なのかがわかります。

　同時に、その困り感は、子ども自身の困り感でもあります。その子もどうしたらいいかわからず、困っている。そんな"○○ちゃんの困り感"についても想像し、記述してみると、また違う視点が見えてくるかもしれません。

〈計画①　はじめの一歩表〉

準備する step 2

● 好きなこと・嫌いなこと

　その子が「好きなこと（おもちゃやあそび、行動、人、場所、関心のあることなど）」と「嫌いなこと」を書き出すと、子どもが安心できたり、楽しく過ごせたりするアイテムや対応がわかり、具体的な手立てのヒントになります。

● その子のいい（素敵な）ところ

　ついマイナス部分に目がいき、「マイナスをプラスへしなければ」と考えがちですが、プラスがよりプラスになることでマイナスも底上げされるという視点も大事。"いいとこ探し"を意識すると、連鎖的に、また違ったいいところも見えてくるようになります。

● 注意が必要なこと

　けがや事故、生命にかかわるような危険性のあること、友達とトラブルになる可能性のあることなど、注意点も書きとめておきます。これは全職員で必ず確認し、対応を統一することが大事です。

● 保護者の気持ち

　保護者が不安に思っていることや園への要望もまとめておきます。親子のかかわりで気になることがあれば、そのことも記述しておきましょう。

# より理解を深めるための、観察・記録

"その子"の保育を組み立てていくうえで、
日々の観察や記録が重要な検討材料になります。
どのような視点で行えばよいか、解説します。

## 観察・記録の目的

　子どもの姿を観察して記録をとることによって、発達を連続的にとらえられ、また自分の保育を振り返ることができます。子どもをよく見ていると、「この間できなかったことができるようになった」「いつもと違うぞ」などと、成長や変化に気づきます。そして「なぜ、この行動をとったのか」と行動の意味を考えることで、その背景や子どもの気持ちがわかってくるのです。それは、自分の子どもへのかかわり方の振り返りになりますし、次の目標や手立てを考えるヒントにもなります。

　ふだん、子どものことを見ているつもりでも、そういった細かな成長や気づきまではとらえられていないことも多いものです。記録をとるためには、意識して子どもを見る必要があります。そうやって子どもの姿をよく観察・記録し、振り返ることは、保育の質の向上にもつながっていきます。

## 事実の記述から、整理された記録へ

　最初から何かを見通して記録しようとすると難しくなってしまいますが、起こった事実は書きやすいと思います。まずは、目にした子どもの言動を書きためてみましょう。最初は気になる場面や問題行動が目につきやすく、そういった記述が多くなりがちかもしれませんが、その子どもの素敵なところ、得意なことなどのプラス面にもたくさん目を向けて、記録してください。そして慣れてきたら、その場面で保育者が行ったかかわりのほか、

☐「どう感じたか（考えたか）」という分析
☐「次にどうしたらいいと思うか」といった見通し

も入れてみましょう。

## 準備する step 2

〈A君（4歳） 日々の言動の記録〉　　　　　　　　　　※T＝保育者　A＝対象児　B＝クラスの子

> 子どもの行動について保育者の分析を記述。

○月□日
「外に出る？」と聞くと、「外に出る」とオウム返しをする。自分がやりたいこと、やってみたいことなど、そのときの自分の気持ちと、大人が話しかけた内容が合うと、オウム返しをするようだ。

○月△日
「あっぷっぷ」を口ずさむので、TがAに合わせてあっぷっぷをすると笑う。Tが「あ、Aちゃん笑った！」と言い、2人であっぷっぷをやっていると、周囲の子どもたちがその様子をじっと見ている。その後BがAとやってみる。「あっぷっぷをTとする」→「Tが仲介をしながら周囲の子どもとAがあっぷっぷをする」→「周囲の子どもとAとであっぷっぷを楽しむ」というように、段階を追っていきたい。

> 今後のかかわりの見通しについての記述。

すると次第に"その子どもはどんな子"で、"困るのはどういう状況"のときなのか、そこで"どんな手立てが必要か"といった手がかりが浮かび上がってきます。それをもとに、保育者が特に注目していきたいことを項目別に書くと、より整理されてきます。すでに個別の指導計画の書式があれば、計画にある項目にならって記述してもよいでしょう。

〈項目に沿って整理した月の記録〉　　　　　　　※この記録から発展した個別の指導計画はP45参照。

|  | 子どもの姿 |
|---|---|
| 情緒の安定 | ●どうしたらよいかわからないときや、新しいことに取り組むときなど、混乱してしまうようで、そこにある物を投げたり、保育室を出ていったりする。<br>●思いがけないことが起きると、興奮状態になり、近くにいる友達に手が出てしまうことがある。 |
| コミュニケーション | ●スキンシップは嫌がらない。手を出すとタッチしてくる。<br>●自分の気持ちと、保育者が話しかけた内容が合うと、オウム返しをする。<br>●嫌なことを口に出して言わず、どちらかというと手が出る。 |
| あそび | ●歌をよく知っていて、口ずさんでいる。<br>●保育者と一対一で"あっぷっぷ"をすると喜び、何度も繰り返す。<br>●電車が好き（特に銀色の電車）で、よくレールを並べてあそんでいるが、そのほかのおもちゃにはあまり興味を示さない。 |
| 生活習慣 | ●かばんやコップの始末を自分で行う。自分の場所はシールを見て理解している。<br>●排せつは「お」「おしっこ」と言ってトイレに走っていく。立って排せつし、自分で水を流す。時々手洗いを忘れる。<br>●食事のしたくも食事も自分でできるようになってきている。<br>●着替えは保育者の手助けが必要。ボタンを留めるのが苦手で、やりたがらない。 |

## 焦点を決めて、深く掘り下げる

P25のように整理して記録を書いていると、"特に気になる姿"や"注目するべき点"がわかってくると思います。そのようなときはさらに焦点を絞って、観察・記録をしていくとよいでしょう。

### ●気になる場面を細かく描写

例えばけんかの場面で、どういう状況でどんなやり取りがあったのか、子どもたちの言葉をセリフ、動きはト書き※のように、具体的に書きとめておきます。すると後から振り返ったとき、その場では気がつかなかった子どもの微妙な心の変化や、言葉に込められた本当の思い、きっかけになりやすい状況など、いろいろなことが客観的に見えてきます。

〈Bちゃん（3歳児）の記録〉

> 午前中、子どもたち数人で砂場でおにぎり作りを楽しんでいた。
>
> 　H君：これ、おいしいよ。
> 　Rちゃん：これもおいしいよ。あげる。
> 　Kちゃん：Kも一緒に食べる〜。おにぎりおいしいね。
> 　保育者：みんなで食べるとおいしいよね。
>
> みんなでおにぎりを交換したり、食べるふりをする。Bちゃんはわたしたちの会話には参加しないが、せっせとおにぎりを作っては、わたしの所に持ってくる。
>
> 　Kちゃん：先生のちょうだい！
>
> Kちゃんが、Bちゃんが作って置いていったおにぎりを取ろうとした。
>
> 　Bちゃん：それ、Bの！　ダメ！
>
> Bちゃんが急いでKちゃんのところにやってきて、Kちゃんをたたこうとした。
>
> 　保育者：Bちゃん、たたいちゃダメ！
>
> Bちゃんの勢いに驚いたKちゃんが泣き出した。Bちゃんも怒りが収まらないのか、まだKちゃんに手を出そうとする。わたしは止めるのに必死だった……

（吹き出し左）そういえば先週も、Bちゃんとあそんでて、他の子が寄ってくると「来ないで！」と怒り出したことがあったな……。

（吹き出し右）まだBちゃんには保育者を独り占めしたい気持ちがあるし、友達と一緒ではなくて、ひとりの時間が必要なのかもしれない。じっくりひとりであそんで、満足したら、少しずつ、友達とかかわりたいという気持ちが出てくるかもしれない。焦らずにもう少し待ってみよう。

※ト書き…脚本で、登場人物のセリフの間に動きや場面の状況を書き入れたもの。

## 準備する step 2

● 同じような場面の共通点に注目

例えば、友達に手が出てしまいがちな子どもの場合に、それがどういう状況で起きるのか、その前後にはどのようなことが起きているかなど、共通点を探ります。現象だけを見るのではなく、**同じような時間帯？ 状況？ 環境？ それとも人？** ……というように、掘り下げていくのです。

その行動が現れたときの状況を記録していくと、例えば「どうも、友達に順番を抜かされたときや、人から"ダメだよ"などと言われて、自分が否定されたと感じたときに、衝動的に手が出てしまうようだ」などと、共通点がわかってきます。

それが把握できれば、友達に手が出そうなときを察知して止められたり、子どもたちにどのような支援をしたらよいのかがわかってきます。

気になる要素が多くなってしまう場合もありますが、あれもこれも記録しようとすると、どこを見たらよいのかわからず、焦点がボケてしまいます。**"一番気になっていること／困っていること"の1点に絞り**、ある程度の期間、書き続けるとよいでしょう。自分だけの視点ではなく、ほかの保育者に記録を書いてもらうのもよいでしょう。自分では気づかなかった視点を得ることができます。

そしてできれば、その記録を全職員で共有し、話し合いの機会をもちましょう。その記録の理解や分析がより深まり、有意義な学びになります。

# 保育の方向性を検討しよう

情報収集や日々の観察や記録から、「その子像」が具体的になってきました。
これらを踏まえて保育の方向性を検討しましょう。
それが計画作成へとつながっていきます。

## 子どもに「どうなってほしいのか」を考える

　P22～23の現状整理の解説のなかで、「何に困っているのか」を書き出してみましょうと提案しました。ここで挙がった子どもの姿に対して「どうなってほしいのか」を検討してみましょう。そこから以下のように考えていくと、それが計画作成へとつながっていきます。

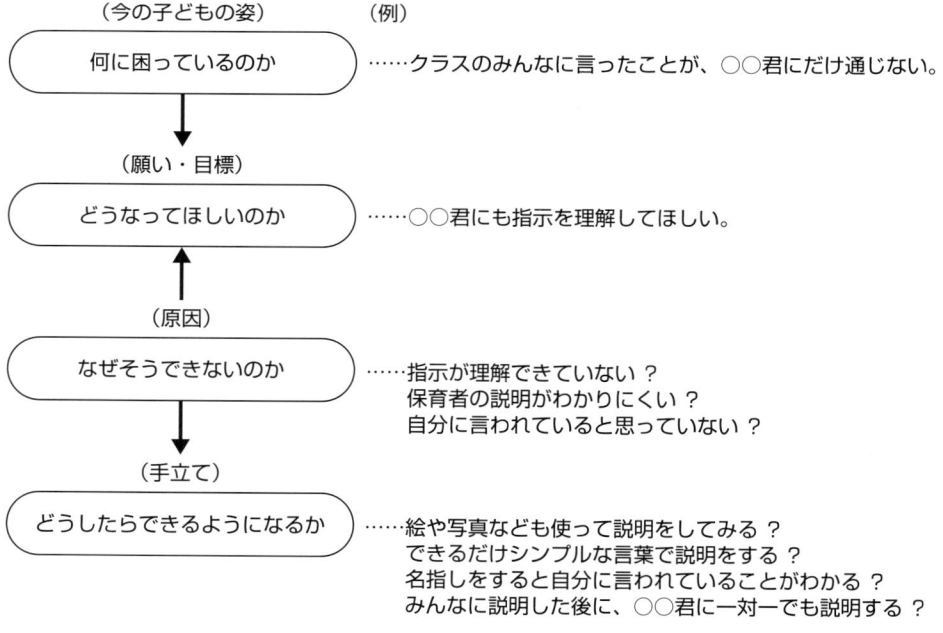

（今の子どもの姿）
何に困っているのか ……クラスのみんなに言ったことが、○○君にだけ通じない。

（願い・目標）
どうなってほしいのか ……○○君にも指示を理解してほしい。

（原因）
なぜそうできないのか ……指示が理解できていない？
保育者の説明がわかりにくい？
自分に言われていると思っていない？

（手立て）
どうしたらできるようになるか ……絵や写真なども使って説明をしてみる？
できるだけシンプルな言葉で説明をする？
名指しをすると自分に言われていることがわかる？
みんなに説明した後に、○○君に一対一でも説明する？

　このように、**「子どもの姿」から「願い」、「原因」、「手立て」と組み立てていく**と、計画に何を記述する必要があるのかが浮かび上がってきます。
　では次節から、計画作成について具体的に解説していきます。

準備する step 2

そうだん室

こんなときどうする？ 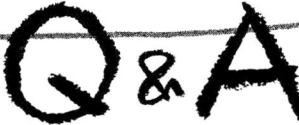 医療や心理の専門家との連携や、子どもの気になる行動をどう理解するかについて考えます。

**Q** 計画や子どもへの対応について巡回相談の先生からもらうアドバイスに、ズレを感じることがあります。わたしの考えが間違っているのでしょうか？

酒井幸子先生

**A** 保育者は、心理の先生やお医者さんを"専門家"ととらえ、問題解決を期待して頼ろうとする傾向があります。しかし、保育者も保育分野の専門家。医療や心理の専門家から知識やアドバイスを受け、その視点を活用して実際に子どもにかかわるのは保育の専門家である自分たち、毎日子どもを見ているのは自分なんだ、という自覚が大事ではないでしょうか。

例えば、心理の先生に発達障がいのある子どもの傾向として、"一番にならないとダメと感じる子がいる"と教わったとします。実際にそういう子がいて、アドバイスをとっさに思い出し、「一番になりたかったんだよね」という言葉をその子にかけられるのは保育者なのです。

巡回相談で得たものを実践で役立てながら、「わたしはこう思う」という保育の専門家としての自分の見解に、自信と誇りをもってください。専門家のアドバイスを「絶対」ととらえてそのままにするのではなく、ズレを感じたなら、その疑問を伝えてみましょう。こうした保育者からの意見が、医療や心理の専門家にとって参考になる場合もあります。そうやって、互いに専門家として意見を出し合いながら、対等な関係のなかで一緒に子どもの理解を深めていけるとよいですよね。

田中康雄先生

**A** 医療や心理も保育も、"子どもの成長を願う"という点では、目標は同じですね。ただ、"視点"が異なるかもしれません。

例えば「子どもと遊園地」で考えると、専門機関は、「遊園地へ行く道のり」を検討します。どんな道順が行きやすいか、入り口であそべなかったらどうするか、というように「遊園地に入るまで」を考えるのです。

一方、保育現場は、「遊園地でどう楽しむか」を検討します。専門機関が"参加まで"の配慮なら、園は「参加してから、また一緒に参加するうえでどう楽しむか」を考えます。そのため、当然視点は異なるわけです。

病院は、転んでけがをしたから来る場所で、課題や問題の解決場所です。問題のない状態やふだんの姿を、医者は知りません。わたしは、こうした"非日常"にかかわっている人が、"子どもの成長を願う"主導権を握らないほうがよいと思います。

保育者は、子どもの日常を共に生きています。それが一番の強みと言ってよいでしょう。そのことに誇りをもって、専門機関の視点を参考にしたらよいと思います。"参考・活用"として重視しつつも、日ごろのかかわりをもとに、自負をもってみなさんの保育観を築いてください。

## Q 子どもの観察と記録を続けていますが、気になる行動がなかなか理解できません。

**A** 何度言っても同じことを繰り返してしまう、派手なことをする子を不思議に思う、戸惑ってしまうということがありますよね。ただ、こういうことをするときには、必ず理由があるのです。

あるクラスにすぐ裸になって寝転ぶ子がいて、その担任が隣で同じようにしてみたことがあるそうです（裸にはなっていませんが）。当時その子は『おふろであそぼう！』（三起商行）という絵本が好きで、担任は「ああ、だから裸なんだ」と、そのとき気づいたと言います。そこで、「ゴシゴシしよっか」と声をかけ、絵本のストーリーどおりにおふろからあがってジュースを飲むまねをしたら、その子は自分から服を着たそうです。

"同じことをしてみる""同じ視線になる"ということは、子どもの世界を知るのにいい方法なのだとわかるエピソードです。こうしてその子なりのストーリーが見えてくると、気になる行動も気にならなくなるのかもしれませんね。

**A** 保育者にとって"気になる子"とは、自分の理解力の範ちゅうから外れる子なのではないでしょうか。「どうしてこの子はこんなことをするのだろう？」という説明がつかない。そんなとき、「この子は発達障がいなんだ、だからこういうことをするんだ」とするとわかったような気になりますが、実はなんの解決にもなっていません。

急に水をぶちまけてしまう子がいたとき、大事なのは、そのきっかけや理由に近づこうとすること。なかには、そのことを自分で説明できない子もいます。保育者が、「さっき折り紙が思うようにいかなくてイライラしていたけれど、それと関係あるのかな？」と想像してみると、最初は予測不可能で不思議だった言動も、「もしかしたら、イライラのリセット？」などと子どもの心が見えてきて、納得したり、共感できたりしますよね。

"なぜ気になるのか"ということに答えがあるのではなく、「なぜこの行動が起きているんだろう」ということを考えると、「こういうことか！」とわかってくる。行動の理由に近づき、"ふに落ちる"共感が大事なのです。

どうも、月曜日に調子が悪いようだ……という子の場合、じゃあ、その子をどうソフトランディングさせてあげるかを考える。こんなふうに焦点が見えてくると、子どもの言動を観察することが楽しくなってきますし、子どもも少しずつ落ち着いてくると思います。

## step 3
# 実践する
## 計画を作成しよう

いよいよ計画の作成です。
書式の作り方、目標の立て方、
手立ての検討、評価の大切さなど、
実践例を交えて解説します。

# 計画の作成で大事なこと

情報収集や観察・記録から「実態」「保育者の願い」「手立て」などが見えてきたら、いよいよそれらを計画としてまとめます。
その際に大事な視点を押さえておきましょう。

## 完ぺきをねらわない！

　初めから完ぺきを目指す必要はありません。まずは書いてみましょう。大事なのは、"後から修正すること"。書くうちに、見方が変わったり、書式の変更が必要になったりすることが出てきます。**計画は大切ですが、書くことに情熱的になりすぎると"計画のための計画"になってしまいます。**保育にエネルギーを注ぐのが第一。計画作成はゴールではなく、保育実践のスタートなのです。

## 自分の見方を疑うことも必要

　例えば、子どもの姿を"友達の嫌がることをわざと言う"と記述したとします。しかしそれはもしかしたら、"友達の嫌がる反応を喜んでいる"姿なのかもしれません。そうなると、手立ても変わってきます。保育者の主観が入るのは当然のことですが、実際の姿や子どもの思いとズレが出てきてしまう……。実はこういうことはとてもよく起こります。
　子どもの姿を正確にとらえるために「本当にそう？」と、振り返り、「○○ちゃんの気持ちは？」と、"子どもの側から想像する"とよいでしょう。また周囲の人の意見が自分の思考を見直すきっかけとなることもあります。

## "改善プラン"ではなく、"エール（応援）プラン"を

　「早く発見して、対応して……」「よりよい育ちを！」という思いが強くなりすぎると、計画が課題中心になってしまいがちです。**"改善プラン"ではなく、育ちの喜びが見える計画——"エールプラン"**を作ってください。
　育ちはずっと続いていくもので、"これをすれば完ぺき！"という解決法はありません。保育者がひとりで責任を抱えこまずに、「わたしがこんなことをしたら、この子、こんなことができちゃった！」「やっぱり友達をかんじゃったけど、いつか、かまなくなる姿を見られるといいなぁ」という余裕と、楽しみにする気持ちを忘れないでください。

実践する step 3

# "その子"に合う書式を見つけよう

子どもの育ちに合った"計画サイクル"や"項目"などを検討し、
その子の実態に一番適した書式で、計画を作っていきましょう。

## ひとつの書式にとらわれないで

「個別の指導計画」とひと口に言ってもさまざまな書式があり、子どもの実態や特性、育ちの状況、クラスの指導計画との関連性、保育者にとって書きやすいスタイルなどによって、いくらでもアレンジが可能です。

ひとつの書式にとらわれずに、「その子の実態に添うものにするには、どのような書式が適しているか」「自分が保育に活用するのに、楽しく書けるのはどんなスタイルか」を考えて、計画を組み立てていきましょう。

## 書式自体を見直す機会を設けても

「この子は育ちがゆっくりなので、週案に毎回あまり書くことがない」「項目数を絞っては？」「評価のスペースが狭い」「低年齢児は"生活習慣"についてたくさん書きたいけど、大きくなってくると"人とのかかわり"や"集団生活"について大きくスペースをとりたい」など、計画の形式について「もっとこうしたい」と感じることもあるでしょう。

そんなときは、園で作った書式や、自治体が定めた書式について、「うちの園では（この子には）どんな計画書式が合うのか」を、職員で話し合うとよいでしょう。計画のあり方を検討することは、保育を振り返り、発達についての理解を深めることにもなります。

## "計画サイクル"の検討

子どもの育ちのテンポはいろいろです。ゆっくりであれば、月の計画よりも、年間や期間といった大きなスパンでとらえたほうが、しっくりくるかもしれません。日々変化する子どもの姿に対して、手立てをこまめに見直す必要がある場合、「とにかく毎日大変！」と困り感が高い場合は、週や日単位で見ていく必要があるかもしれません。

それに加えて、"保育者の負担"も重要な検討要素です。続けるためには、保育者にとって無理がないペース・分量を見極める必要もあります。個別の指導計画を、年間計画から日案まですべて書こうとする必要はなく、どの子も同じタイミングで作らなくてはならない、ということもありません。"その子"への手立てを考えるために、必要かつ効率的で、実践につながる計画サイクルを検討してみましょう。

●年間計画
「1年を通してこの子のここを支えたい」という保育者の長期にわたる願いや見通しをもって作成する計画。個別の指導計画を初めて作成するという場合は、実態把握のためにも、まず年間計画を作成してみるのがおすすめ。

●期の計画・月案
年間計画よりも細かい願いを下ろした計画。期と月の両方を作成している園もあれば、どちらか一方だけという場合も。子どもの育ちをとらえやすいサイクルを選びます。

●週案・日案
"その子が行事や日々の活動などにどう参加するか"という視点が色濃くなり、クラスの指導計画との関連性が、より大事になってきます。

●その他
特に計画サイクルを決めずに、「子どものココを見る！」と注目点を定め、変化が見えたときに記述していくという方法もあります。

## 必要な項目は？

個別の指導計画の項目には、保育者が自身の**「保育を組み立てる軸」**と、**「子どもの発達を見る軸」**とがあり、この組み合わせで計画が構成されています。

〈計画②　個別の指導計画書式イメージ〉

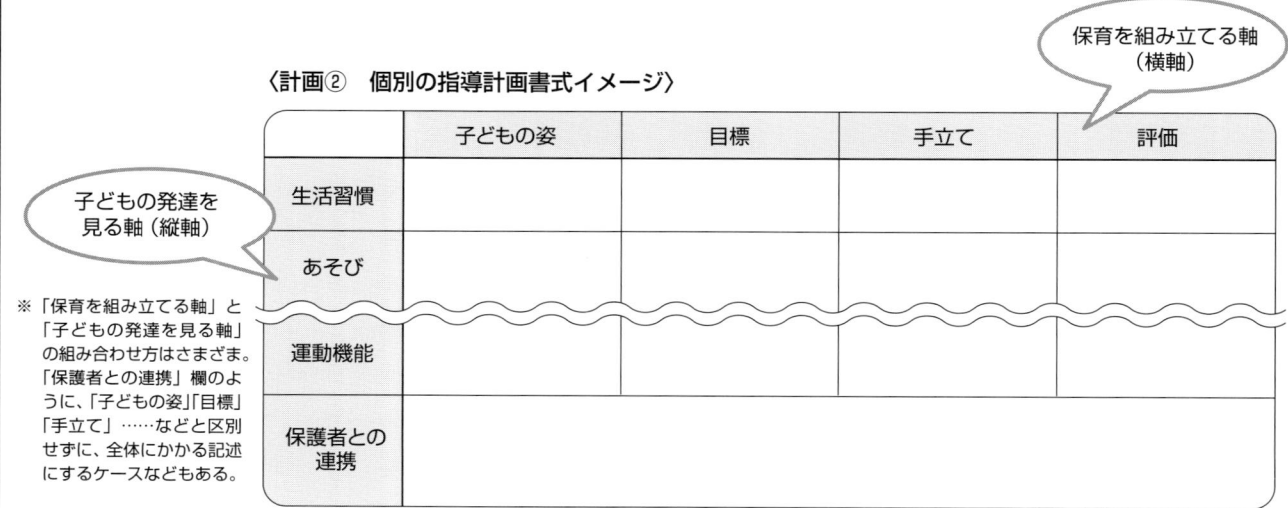

保育を組み立てる軸（横軸）

子どもの発達を見る軸（縦軸）

※「保育を組み立てる軸」と「子どもの発達を見る軸」の組み合わせ方はさまざま。「保護者との連携」欄のように、「子どもの姿」「目標」「手立て」……などと区別せずに、全体にかかる記述にするケースなどもある。

## 実践する STEP 3

### ● 保育を組み立てる軸

以下のような流れで、"その子"の保育を組み立て、計画に表していきます。項目の表現はさまざまです。

> ①子どもの姿（実態）
> STEP2で解説した、入園時の情報収集や観察・記録から、保育者がとらえた子どもの姿を描写。さらに、保護者や医療・福祉関係などの専門機関からの情報もあれば、まとめておきます。ここが、計画作成の出発点。

> ②目標（願い・ねらい）
> 実態を受け、保育者の「願い」や「ねらい」を整理します（「目標の立て方」の詳細はP36〜）。

> ③手立て（配慮・支援）
> 子どもの姿と目標に対して、具体的な保育者の支援内容を記述（「手立て」の詳細はP38〜）。

> ④評価
> 立てた計画は必ず振り返り、分析して次の計画につなげていきます（「評価」の詳細はP40〜）。

### ● 子どもの発達を見る軸

姿・目標・手立て・評価について、より細かく、具体的に検討を進めるため、子どもの発達を見る項目に分類して整理します。園によって項目の立て方はさまざまで、表現もいろいろ。ひとつの姿が、複数の項目にかかわる場合もあります。

このほか、保育の5領域を参考に項目を立てているケース（実践編P102〜103参照）もあります。

子ども一人ひとりが違うように、その注目点も違います。また子どもが成長するにつれて、必要な項目、その時期に大切にしたい項目が変化することもありますので、どんな項目を立てるかは、実態に添って検討してください。

> 〈 子どもの発達を見る項目例 〉
> ・生活習慣（食事、排せつ、衣服の着脱など）
> ・人とのかかわり
> ・コミュニケーション（言葉など）
> ・あそび
> ・運動
> ・集団への参加
> ・知的発達
> 　（指示の理解や、文字・数の理解など）
> ・情緒の安定　　　　　　　　　　　　　など

"その子"独自の項目が必要になる場合もあるでしょう。例えば、A君があることへのこだわりがとても強く、そのことに困っているようであれば、A君の計画には「こだわり」という項目が立つかもしれません。また、「子どもの発達を見る軸」をつくらず、保育者が悩んでいること、困っていることから、記述していくという方法もあります（実践編P68〜69参照）。まずそうやって書いてみて姿をとらえてから、項目別に整理していってもよいでしょう。

### ● 保護者との連携

できれば、計画を立てた時点で保護者と共有し、「園ではこうしていますが、お家ではどうしていますか？」と、学び合える関係を築けるのがベストです。「保護者との連携」の項目も設け、話し合った内容を記述しましょう。

しかし実際は、なかなかそこまでできないというケースも多いようです。その場合は、親子の様子を見て気になったこと、連絡帳や面談からうかがえる保護者の言動や気持ち、園から家庭にどのように働きかけていくかなどを記録しておくとよいでしょう。

# 目標の立て方

ここから計画を記述する流れに沿って、各段階を解説します。
まず、どのように"その子の実態に合った目標"を
立てたらよいのかを解説します。

## "将来像"や"身近な目標"

個別の指導計画には、**大きくとらえた"将来像"につながる長期的な目標**と、そこからつながる**中期的な目標や短期的にとらえた"身近な目標"**など、いくつかの視点が必要です。

> ●将来像につながる長期目標
> 年間目標を長期目標として掲げる場合が多い。1年をかけて、「この子にどうなってほしいか」という将来像であり、保育者や保護者の大きな願い。

> ●身近で具体的な中期〜短期目標
> 長期目標を小分けにして、より身近に、具体的にしたもの。

長期（年間）・中期（期や月）・短期（週や日）というように3段階で設定する場合もあれば、長期と短期という2段階で、目標設定をしている場合もあります。

## "ブレ"や"ズレ"を起こさないために

P22で解説した「はじめの一歩表」をまとめたり、観察・記録を続けたりするなかで、保育者の願いが見えてくるでしょう。それが目標につながります。しかし、実態をしっかり見取ることができないと、焦点があやふやになったり、脱線したりすることがあります。次の2点を意識して、本当に必要なことを見失わないように気をつけたいものです。

### ●一番大事にしたいのは何？

目先のことが気になったり、あれもこれも課題に感じてたりして、軸がブレそうなときは、"何を一番大事にしたいのか"——優先順位のナンバーワンに立ち返りましょう。

製作活動が苦手、場面の切り替えでパニックになる、ニンジンをいつも残す……。いろいろあるけれど、「C君が一番困っているのは？」「保育者が一番困っているのは何？」と考えます。すると、「今、C君に必要なのは、ニンジンを食べられることでも、製作で作品をうまく作ることでもなくて、"場面の切り替えがスムーズにできるようになること"だ！」などと、目標が絞られてくるはずです。

● "分解"の視点で

　育ちの歩みがゆっくりで、その成長の幅がとても小さい子の場合、目標設定は細かく行う必要があります。

　よくありがちなのが、目標が高すぎて、「なかなかできない」「なぜ？」と、子どもも保育者も苦しくなってしまうパターンです。そんなときは「目標はスモールステップで」を合言葉に、実態をとらえ直し、"ひとつのことができるようになるのに、どのような段階があるか"という分解の視点が役立ちます。

---

例）
Dちゃんが好きなのは恐竜とブランコ。苦手なのはみんなと一緒の活動。そんなDちゃんが気になっているEちゃん。保育者は、いつもひとりでいるDちゃんに「友達とかかわってほしい」と願い、次のようなスモールステップで、今後の見通しをもった。

Dちゃんの隣で保育者もブランコを楽しむ
↓
Dちゃんの隣で保育者とEちゃんがブランコをする
↓
DちゃんがEちゃんと一緒にブランコを楽しむようになる
↓
Dちゃんは登園を楽しみにし、Eちゃんとかかわりをもつ
↓
2人で恐竜の絵本を見る
↓
周りに友達が寄ってくる
↓
Dちゃんが友達とかかわるようになる

---

# 目標は具体的に

　目標は、できるだけ具体的な表現をするように意識するとよいでしょう。例えば、"園生活を楽しめるようにする"という目標を立てたとします。しかし、これはかなり抽象的です。その子にとって"楽しむ"ってどういうことか、保育者が思う"楽しめる"とその子の"楽しめる"は同じなのか。その子が楽しめたかどうかはどう判断するのか……。非常に難しいところです。目標の内容がおおざっぱにならないよう、例えば"保育室を出ていく回数が3回から2回になる"というように、可能なものは数や量で表したり、分解の視点で目標となる場面を具体的に設定すると、見るところが焦点化され、評価しやすくなるでしょう。

# 手立てを上書きしていこう

目標に対して、「そのためにどのような支援を？」と手立てを考えます。
計画のなかで、もっとも試行錯誤が必要となる箇所といえるかもしれません。

## 手立ては変わっていく

　手立てがずっと同じということはありません。育ちに伴って手立ても次のステップへ進んだり、子どもの歩みが行きつ戻りつしているときは、それに伴って手立ても半歩先に進んだり二歩下がったり、再検討したりといった調整が必要になります。
　計画に最初に記述した手立ては、実際の保育場面を通して変容していくことを前提に、変化があるたびに赤字で書き足すなど、上書きをしていきましょう。それは、その子へのかかわりの履歴、育ちの記録となります。

## 保育者の想像力を働かせて

　P37の目標の解説でも述べたように、手立てを考えるうえでも、"分解"の視点がポイントになります。集会のときに話が聞けない場合、「そこにいられない？」「話が理解できない？」「他に刺激となるものがある？」などと、原因の可能性を挙げてみます。そうやって考えていくと、どこに問題があるのかが見えてくるでしょう。
　後は、保育者側の想像力にかかっています。そうなると、もう**"障がい"ではなくて、"その子が困っている"という事実**と向き合うだけ。「自閉症だから……、ＡＤＨＤだから……」と診断名と符合させることは、あまり意味がないのです。パニックになる子がいるなら、「パニックになるのは、どんなとき？」「どうしたらその子がパニックにならずに、笑顔で過ごせるか」を考えてください。自閉症だからパニックになるわけではないのです。もしうまくいかなくても、がっかりしないでください。「じゃあ次はどうしよう？」と考えるのを楽しみにすると、それが保育の楽しみになってくるはずです。子どもが療育機関に通っている場合は、療育の場での対応やプログラムも手立てのヒントになるでしょう。

## 支援の手を減らしていくことも念頭に

　子どもへの"今"の支援を考える一方で、年間の目標に掲げた将来像や就学に向けての目標など、少し"先"も見据えて支援の手を減らす視点も大事です。

　例えば、Ｆちゃんは目から入った情報のほうが理解しやすい場合、絵カードを使うのもひとつの選択肢です。そのことでＦちゃんが安心して生活できることも大事ですが、これからの生活でどこでもずっと同じ支援が受けられるとは限りませんし、"言葉で考えて行動する力"をつけていくことも大事です。

　あくまでもＦちゃんの歩みに寄り添うという前提で、半歩先に進めるために手立ても進化するとしたら、絵カードを少し減らしてみてもよいかもしれません。また、絵ではなく文字のカードにすることで"言葉から理解する"ステージを用意してもよいのかもしれません。難しければ、また戻ればよいのです。迷うときは、巡回相談などの機会を活用して専門家に相談するのもよいでしょう。

# 次につながる評価を

立てた計画は、実践後に必ず振り返ります。実は、ここが一番大事なところ。振り返りや反省が、次の計画へとつながっていきます。

## 育ちの喜びや保育の振り返りを記述

単に"目標を達成できたかどうか"が評価ではありません。それでは計画がその場限りで完結してしまって次へとつながっていきませんし、実践も深まりません。手立てや環境づくり、働きかけなどの保育の振り返りや、計画そのものについての評価を、紙面上で行ってみましょう。タイミングは、**入園から卒園までの数年間や年間・期間で行う「長期的評価」**や、**週や日単位で行う「短期的評価」**など、計画サイクルに合わせて行います。

具体的には、以下のようなことを検討・記述します。

・「こんなに子どもが育った」という育ちの喜びの記録
・「目標と子どもの実態は合っていたか」、
　「保育者の対応は子どもの姿にマッチしていたか」といった振り返りと分析

目標と実態とに大きくズレがある場合は、目標が高すぎたのか、手立てを変えたほうがよいのかなどについて検討を行い、次の計画の目標や手立てへとつなげていきます。

実践する step3

## 残す評価と届ける評価

「評価」というときに真っ先にもちたい視点は、子ども自身が、「できたぞ！」「やった！」「わかった！」と自己肯定感を高められたかどうかという視点です。保育者が瞬間瞬間をとらえ、「よく頑張ったね！」「今日はこんなことができてすごいね」と子どもに伝えることが、その子の育ちを促します。**これは日々動いていく保育のなかで、子どもに直接届けていくものです（即時的評価）**。これらは、計画上では文字になりにくいかもしれませんが、子どもの目が輝いた声掛けの内容や仕方、それらがもたらした小さな変化を見逃さず、忘れないうちに書きとめ、記録として残しておくとよいでしょう。

保育者が自身の保育を振り返り、「計画上に残していく評価」、「日々の保育のなかで子どもに届けていく評価」、この２つの評価がつながることで、初めて計画が生きてくるのです。

## いつも、子どもの頑張りを忘れずに

振り返りの際、"ここが育っていない"ということに注目してしまいがちで、評価というよりも"課題"になってしまう傾向があります。そうなると、子どもの精一杯の頑張りを評価し損なってしまいます。まだ数年しか生きていない子どもたちが、"昨日はうまくいかなかったのに、今日はこんなことができた"という結果と、その過程を喜んでください。**日々あきらめずに頑張る子どもの姿や勇気を、評価してほしいと思います。**

子どもは無駄なことなんてひとつもしていません。気になる子とは、この世界に言いようのない不安や緊張をもち続け、安心できていない子かもしれません。不安だから奇声を上げ、なんとか頑張ろうと水をぶちまけるのかもしれません。「そんな子が"昨日まではこうだったのに、今日はこうなっている！"という得体の知れない世界によく毎日来てくれる」といううまなざしで、必死にこの世界で生きようとする姿を「頑張っているね」と、受け止めてほしいと思います。

こうして、「この人は信用できる」と子どもが感じられる関係を築いていくと、子どもの"頑張れる気持ち"もより育っていきます。それができるのが、保育者なのです。

# クラスの指導計画と連動させる

個別の指導計画を作成するにあたっては、クラスの指導計画との関連性も見過ごせないポイントです。

## "クラス"から"個"へのつながり

"個別"の指導計画とはいえ、園で仲間と過ごす子どもの計画として、クラスの活動や計画との兼ね合いを念頭に置いた内容であることも、重要です。特に個別の指導計画を、支援担当者など、担任以外の保育者が作成する場合は、"クラス"と"個"をつなぐために、両者の密な連絡が欠かせません。

実践例から、クラス計画と個別の指導計画のつながりを見てみましょう。クラスのねらいや内容を受けて、それを"その子"にふさわしい形にした例です。

〈クラスの指導計画と個別の指導計画のつながり例 ＊一部抜粋〉
**クラスの期の指導計画（4歳児）より**

| ねらい 内容 | ●クラスの友達と同じ目的に向けて取り組むことで、仲間意識を深める。<br>・朝夕の会の進行やテーブルふきなど、グループに分かれて交代でお手伝い活動を行う。 |
|---|---|
| 援助と配慮 | ・お手伝い活動は、まず協力しやすい2人組から始め、力を合わせることや、みんなに喜ばれたことが実感できるように、帰りの会で具体的に伝える。 |

**クラスのGちゃん 期の個別の指導計画より**

| ねらい 内容 | ●友達や保育者のために活動する喜びを味わう。<br>・簡単なお手伝いを気の合う友達とペアで行う。 |
|---|---|
| 手立てと配慮 および 環境構成 | ・Gちゃんと仲のよいHちゃんとでペアを作り、一緒に活動できるような場面設定をする。<br>・帰りの会などで、Gちゃんの当番活動でみんなが助かっていることや、うれしい気持ちをわかりやすい言葉やイラストで伝え、クラスで認められて自信につながるようにする。 |

> 新しい活動に取り組むのに時間がかかるGちゃんが安心して行えるための配慮。

> 目で見て情報を理解するのが得意なGちゃんへの配慮。

## "集団"のなかで"個"を見る視点

個別の指導計画を作成するほどではないけれども、この子は少し個別に配慮が必要という場面がある場合、また、個別に計画を作成する余裕がないという場合は、クラスの指導計画のなかに個別の配慮事項を記述しておくのもひとつの方法です。

〈クラスの指導計画に個別の配慮事項を書き込んだ例 ＊一部抜粋〉

9月・月案　年長クラス

| 子どもの姿 | プール活動で得た自信がいろいろな運動あそびへの挑戦につながっている子が多く、ひとつの運動器具ができると、自分から他の器具に挑戦する姿が見られる。運動会の練習では、競技だけでなく、係の仕事を喜び、一生懸命やろうとする姿がある。 | ねらい | ◎一人ひとりがもつ力を十分に発揮して、活動に取り組む。<br>○運動会への期待をもち、いろいろな器具で体を動かすことを楽しむ。<br>○友達と気持ちを合わせて頑張る経験をし、やりとげた充実感を味わう。 |

### 内容（基礎・健康・人間関係・環境・言葉・表現）

・一人ひとりの思いや葛藤を受け止めて励ましたり、認めたりしながら、それぞれの力を発揮できるようにする。
・一人ひとりの健康状態を把握し、活動後の休息や水分補給をまめに行い、健康に過ごせるようにする。
・運動器具を安全に使い、積極的に体を動かしてあそぶ。
・運動会に向けて勝ち負けの経験やリズムの練習を通して、友達と力や気持ちを合わせる。
・運動会の競技やリズムの練習を通して…………

| 環境構成 | ・麦茶を用意し、運動会の練習の合間に自由に飲めるようにしておく。練習時は水筒持参。<br>・運動器具は使いやすいように出しておき、安全な使い方を確認する。<br>・リズムでは右腕に輪っかをはめ、右が意識できるように………… | 予想される活動 | ・のどが乾いたら水や麦茶を飲む。<br>・運動会の練習をする。<br>　（入場～体操、かけっこ、リレー、玉入れ、綱引き、<br>　　大玉転がし、リズム、係仕事）<br>・運動器具に挑戦する。<br>　（縄跳び、平均台、跳び箱、鉄棒） |

| 援助・配慮 | ・あそびに夢中になると、水分補給や衣服の調節を忘れてしまったり、休息せずに活動し続けてしまう子がいるので、様子を見て声を掛ける。<br>・器具に慣れてくると危険な使い方をしたり、丁寧さに欠けたりするので、全体に話をして個別に注意していく。<br>・運動あそびでは、できずに悔しい思いをしている子の気持ちに共感し、「もう一度挑戦してみよう！」と、やる気を引き出すような声掛けをしていく。<br>　（Iちゃんの場合）<br>　どの運動器具をやるかを本人に確認し、まずひとつ挑戦してみる。苦手なことができたときはとてもよい表情になるので、しっかり認めながら、確実にできそうなところから始めていく。<br>・「どうしたら勝てるか？」など、子ども同士で考える時間を設けたり、リズムではグループごとに列や掛け声をそろえる練習をして、そろった喜びや心地よさが感じられるようにする。<br>　（Iちゃんの場合）<br>　全体活動では気持ちが乗らなかったり、ふざけてしまう姿もあるが、なんらかの責任や役割を担うことで頑張ろうとする姿もある。例えばリズムでは、グループの先頭を任せることで張り合いをもたせ、「頼んだよ！」「それでいいよ！」などと声掛けをする。また、全体のなかでも認める機会を意識的につくっていく。 |

> 特別に配慮の必要なIちゃんについては、クラス全体の内容を受け、Iちゃんの実態に合わせた援助や配慮について別途書き込んでおく。

# 計画の作成例を見てみよう

個別の指導計画のイメージがだいぶ具体的になってきたところで、
A幼稚園とB保育園の実践から、個別の指導計画の作成例を紹介します。

## A幼稚園の個別の指導計画から

A幼稚園で作成した、期の個別の指導計画の具体的な記述例を通して、各ポイントを解説します。

### ● "子どもの姿"は、項目別に書き出しても

ここでは、子どもの姿を特に分類せずに記述していますが、目安があったほうが実態把握をしやすいときは、「情緒の安定」「コミュニケーション」「あそび」「生活習慣」と、視点を分けて書き出してみます。そうやって全体像をつかみ、必要なことのみを選択していくと、不要な項目があることもわかります。入園当初など、実態把握が十分でない場合は把握できた範囲で記入し、必要に応じて加筆・修正をしていきます。

### ● 項目は、そのときの状況によって変化

「今、その子にとって大切にしたい指導は何か」を考えて項目を立てます。この計画の対象児の場合は、主に情緒面とコミュニケーション面に注目していました。時期によって大切にしたい内容が変われば項目も変化し、必要なくなれば外す場合もあります。

### ● 途中でどんどん書き足して

期の途中でも、必要なことはそのつど、書き足していきます。ここでは最初、自分の思いを表現しやすくする手立てとして、共感することを考えていました。しかし、「言葉の頭だけ言うと、言葉が出やすくなる」と言語聴覚士からアドバイスがあり、「押された」という言葉を引き出したいときには、「お？」や「おさ？」などと言ってみるという手立てを加えました。

### ● クラスの指導計画を考慮して

P42～43で述べたように、所属するクラスの計画との関連性は大切です。クラス全体の活動計画を見たうえで、その子がどのような形で参加するのがよいかを見通して計画を立てます。例えば、2学期はクラスで取り組む製作や表現活動が多くなりますが、いきなり行事に向けた活動に取り組むのではなく、まず、友達と一緒にあそぶなかで物を扱うこと、表現することの楽しさを感じられるような計画を立てました。

## 実践する step 3

〈計画③　A 幼稚園＊期の個別の指導計画記述例〉

2年保育　4歳児　○○組　名前（○○○○）○年9月23日記入　担当（△△△△）

### 今年度の目標

・あそびや生活を楽しみながら、安心して生活する。
・さまざまな活動の楽しさを味わい、のびのびとあそぶ。

| 今学期大切にしたいこと | 子どもの姿（◎）　保護者の願い（☆） |
|---|---|
| ・園で落ち着いて過ごすようになる。<br>・友達に関心をもち、かかわりをもってあそぶことを楽しむようになる。<br>・身の回りのことを自分でするようになる。 | ◎担任との会話が自然になり、全体的に穏やかで、情緒は安定している。<br>◎思いがけないことが起こると興奮状態になるが、15分ほどで気持ちを立て直す。落ち着いてくると、興奮した理由を自分なりに表現しようとする。<br>◎友達とのかかわりのなかで、かけっこを楽しむようになってきている。<br>◎教師や友達と、簡単なやりとりのあるあそびを好むようになりつつある。<br>◎指先に力を入れるのが苦手で、ボタンのある着替えなどを教師に頼ることが多い。<br>☆プラレールなどのおもちゃを使って、友達とあそんでほしい。<br>☆毎日楽しんで園に行ってほしい。 |

| | 学期の目標 | 指導の手立て | 評価・反省 |
|---|---|---|---|
| 情緒の安定 | ・困ったとき、衝動的にならずに、落ち着こうとする。<br>・友達との間でさまざまな感情を体験しながら、自分の気持ちに気づき、立て直そうとする。 | ・自分の行動を振り返ることができるよう、共感的に話を聞<u>いたり、言葉の頭を言ってみたりする（押された→「お？」「おさ？」など）</u>。<br>・さまざまな葛藤場面では、自分なりに状況を理解し気持ちの立て直しができるよう、実態に応じて、相手の気持ちを一緒に考えるなど、かかわり方を調整する。 | ・衝動的になることは減り、言葉で思いを伝えることが増えた。<br>・友達との間で嫌なことがあったとき、自分の思いを伝えようとする姿が見られた。教師の仲介を得ながら、相手と折り合いをつけたり、気持ちを立て直したりできるようになってきた。 |
| コミュニケーション | ・自分の気持ちや考えを、不安をもたずにのびのびと出せるようになる。<br>・場面に応じた行動を知る。 | ・一緒にあそびながら、教師がコミュニケーション行動のモデルとなる。<br>・場面に応じた適切な行動がとれたときは認め、安心して自分を出せるようにする。 | ・周りへの不安な思いが薄れ、自分の気持ちや考えを、のびのびと出せるようになってきた。<br>・2学期末になり、友達や教師に対して汚い言葉を使うようになった。ありのままの自分を出せるようになったととらえているが、<u>今後、表現の仕方を伝えていく必要があると思われる</u>。 |
| あそび | ・おもちゃなど、物を使ってあそぶ楽しさを味わえるようになる。<br>・十分に体を動かしてあそぶことを楽しむ。<br>・さまざまな表現活動を楽しむ。 | ・身近な素材に関心がもてるように提示したり、魅力的なあそびを用意して<u>友達と一緒にあそぶように促したりするなかで、自然に物とかかわれるようにしていく</u>。<br>・友達と一緒にかけっこや鬼ごっこなどを楽しみ、開放的な気持ちを味わえるようにする。<br>・教師も一緒に表現を楽しみ、子どもの素直な表現を認める。 | ・友達に刺激を受け、サンタクロースの袋やプレゼントなどを作っていた。物を使い、イメージするあそびが芽生えている。<br>・進んでかけっこや鬼ごっこなどを楽しみ、開放感、力を発揮する喜びを味わうことができた。<br>・以前より身体表現を楽しむようになり、素直に表現している。 |
| 生活習慣 | ・着脱など教師に頼っていることが自分でできるようになる。 | ・指先を使ってあそぶ機会をつくり、見守るとともに、やる気が出るように励ましたり、やってみせたりする。また、できたときは十分褒める。 | ・必要に応じて最小限の援助をしたり、見守ったりしていったところ、生活習慣はほぼ確立した。<br>・ボタンのある服の着替えや休日前のお帰りのしたく（タオルや上靴をしまう）などを自分でするようになった。 |
| 家庭 | ・おもちゃなど物を使ってあそぶ。 | ・テレビ視聴時間を見直し、親子一緒にプラレールや積み木などのおもちゃであそぶ時間をつくる。 | ・親子であそぶ時間を作ると、自分でおもちゃを持ってきて「あそぼう」と言うようになった。 |

### ● 保護者と共有して

「家庭ではこんなことに取り組みたい」ということがあれば、家庭の欄に記入します。可能であれば、家での様子を聞き取って評価に書き込み、次の計画に生かします。

### ● 「評価」の内容を、次の計画に反映

学期末に評価を記入し、その内容によって、次期の目標や手立てが導き出されます。例えば下線の内容について、次期の計画では、下記のような記述が考えられます。

| | 学期の目標 | 指導の手立て |
|---|---|---|
| コミュニケーション | ・相手の気持ちを考えながら、自分の思いを伝える。 | ・相手が嫌な気持ちにならないような自己表現の仕方を、具体的に伝えていく。 |

## B保育園の個別の指導計画から

B保育園の実践から、個別の指導計画の流れを紹介します。

### ●まずは子どもの姿をとらえるための「記録」

4月に対象児の実態を押さえ、確認するために「指導記録」を作成します。初めて個別の指導計画を書く人は、まずこれだけでも書いてみると、だいぶ困り感が整理されます。

「子どもの姿」の欄に、まず今の子どもの実態を書き、その横に手立ても一緒に記述。これから1年間の指導を見通すための手がかりとなり、職員がその子への対応を共通認識できるよう、全員で共有します。

〈計画④　B保育園＊指導記録（年間計画）〉

| | | 子どもの姿 |
|---|---|---|
| 基本的生活習慣 | 食　事 | |
| | 排せつ | |
| | 着　脱 | |
| | その他 | |
| 運動機能 | | |
| あそびのようす | | |
| 人とのかかわり | | |
| 知的発達 | | |
| その他 | | |

## 保育方針を整理した「年間・期の計画」

次に、5月ごろに年間と期の計画を兼ねた「○○ちゃんの支援計画シート」を作成します。日々の保育者の仕事量も考慮して、できるだけ効率的に要点が押さえられるよう、最低限の項目にしています。

指導記録で書き出した子どもの姿について、どこから支援をするべきか優先順位をつけ、その上位にきたものに対して「長期（年間）目標」を設定。「短期（期の）目標」「手立て」「評価」は、期ごとに記述していきます。「手立て」は、担任が書くときは「●……」、加配などその子の担当者が書くときは「◎……」として、どちらが書いたかがわかるようにしています。この、○○ちゃんの支援計画シートと指導記録が、1年間の保育のベースとなります。

〈計画⑤　B保育園＊○○ちゃんの支援計画シート（年間・期の計画）〉

| 子どもの姿 | | |
|---|---|---|
| 長期目標（年間） | | |
| 短期目標（期）<br><br>評価の目安 | 短期目標（期）<br><br>評価の目安 | 短期目標（期）<br><br>評価の目安 |
| 手立て　●担任　◎担当 | 手立て　●担任　◎担当 | 手立て　●担任　◎担当 |
| 評価 | 評価 | 評価 |

## ●具体的な活動や生活とつながる「週・日案」

クラスの指導計画を受けて、日々の細かい支援を週・日単位で記述します。

週案では、週の最終日に、ねらいに対して支援はどうだったか、子どもの育ちはどうだったかを評価し、次週のねらいにつなげます。

日案には、その日の子どもの姿や保育者の手立て、気になった出来事などを記録します。発達状況や年齢によって、書きたいことの比重や分量が変わってくるため、いくつかの書式を用意しておき、担当者が使いやすいものを選んでいます。週案・日案ともに、すべての項目について書く必要はなく、今、その子について把握しておきたいことのみを書きます。

〈計画⑥　B保育園＊週案〉

| 週のねらい | | | | | | | |
|---|---|---|---|---|---|---|---|
| | | 子どもの姿と保育の手立て | | | | | |
| | | 月　日 | 月　日 | 月　日 | 月　日 | 月　日 | 月　日 |
| 基本的生活習慣 | 食事<br>排せつ<br>着脱<br>その他 | | | | | | |
| 運動機能<br>あそびの様子<br>人とのかかわり<br>知的発達<br>その他 | | | | | | | |
| 評価 | | | | | | | |

実践する step3

〈計画⑦　B保育園＊日案〉

| | | 子どもの姿 |
|---|---|---|
| 基本的生活習慣 | 食事 | |
| | 排せつ | |
| | 着脱 | |
| | その他 | |
| 運動機能 | | |
| あそびの様子 | | |
| 人とのかかわり | | |
| 知的発達 | | |
| その他 | | |
| 評価 | | |

※週2日のパート職員用に、2日分書けるようにしたバージョンも用意。

そうだん室

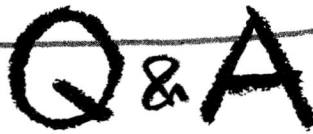

こんなときどうする？ **Q&A** 計画を作成するときの子どもの姿の
とらえ方や見通しのもち方、
保護者との連携について考えます。

**Q** 記録や計画を書いているとき、その子どもに対して
できあがったとらえから抜け出すのが困難なときがあります。
どのように克服したらよいでしょうか？

**A** 確かに、一度できあがったとらえから抜け出すのが難しいことってありますよね。
それを克服するためのポイントを挙げてみます。

酒井幸子先生

①記録をとることによる保育の振り返り
②事例の検討会などでの他者の意見による気づき
③一度書いた記録の、時間をおいてからのリライトや考察　（実践編P90〜参照）

特に③については、子どもは時に、大人より鋭い観察力や感性を発揮することがあります。
そこから気づかされることも多いので、対象児だけでなく、周囲との関係性も意識して見て
いきましょう。

**A** 　子どものイメージを決めつけ、固めてしまった途端、保育者のなかでその子の成長を止め
てしまうことになりやすいです。子どもと向き合うとき、子どもを観察するときは、常に新
鮮な気持ちで、「へえ、そうきたか！」といったわくわく感を大切にしてほしいなと思います。

田中康雄先生

実践する step 3

## Q 成長がゆっくりな子どもの場合、育ちやねらいの見通しをどのようにもって計画を作成したらいいのか、悩んでいます。

**A 酒井幸子先生**

このような悩みは、結構多くの園が抱えています。子ども自身は成長していても、ゆっくりなので見えにくく、5歳児になるとほかの子どもの成長が顕著になってくるので、どのように見通しをもてばよいのか、なおさら悩んでしまうかもしれませんね。このような場合には、以下のような点を見直してみてはいかがでしょうか。

①計画を作成する間隔を見直す
　例えば、計画を毎月作成しているのであれば、隔月や期ごとにするなど、作成するタイミングを再検討します。間隔を空けることで、その子にもっと寄り添った形で見えてくることがあるかもしれません。

②「ねらい」を細分化する
　子どもの実態を把握して、スモールステップを徹底します。例えば、5歳児の子どもの個別の指導計画に、「異年齢の友達と、会食や散歩などのさまざまな交流をする」という記述があるとします。このねらいは、クラスのほかの子どもたちにも十分もっていける内容ですね。そこで、「その子にとって適切か」という視点でもう一度検討してみましょう。そして例えば、「異年齢の友達と一緒の会食の場で、保育者と一緒にいられる（または、仲のよい友達と一緒に食べる）」などというように、ねらいをより細分化すると、その子の育ちが見えやすくなるでしょう。

**A 田中康雄先生**

子どもの成長は、
- ●1人のなかでの変化……時計を見て気持ちを切り替える、苦手な野菜を食べる　など
- ●2人の関係での変化……話を聞くようになる、一対一であそべる　など
- ●集団のなかでの変化……友達と交流する、少人数グループで楽しめる、順番を守れる　など

というように、3つの世界での変化を確認していくと、どこがどう変化したのかわかりやすいでしょう。計画のねらいは、今の課題からちょっと背伸びした期待度を示すくらいでよいのではないでしょうか。酒井先生のお話にあった、"ねらいを細分化する"ということとも共通していると思います。

計画をしっかり作ったものの、その"設計図"どおりに進まないと、子どもに課題があるのか、指導に課題があるのかと悩み、保育者の元気がなくなってしまいます。

子どもの成長は、目標に向かうものではなく、今を評価して、結果を喜ぶことが大事です。成長の予測にエネルギーを注ぐより、保育者のかかわりの振り返りを大事にしてください。そして、子どものささやかな変化を喜び、明日はどうなるか（「こうなればよい」ではなく）と、楽しみにしてほしいと思います。

**Q** 計画の作成にあたって家庭と連携していきたいのですが、子どもの気になる様子について、まだ保護者と話ができていません……。

**A** 田中康雄先生

　保護者は内心、「うちの子はどこかがみんなと違う」と理解しています。しかし、「明らかにしたくない」とも思っています。そして「明日になれば変わっている」と願っています。そんな保護者に保育者が何か伝えようとするとき、「聞きたくない」という保護者に対して、"言わない"か"言い続ける"か、どちらの選択肢もありだと思います。これは、保育者が自分でルールをつくるしかありません。

　大切なのは、"保護者にどういうストーリーがあるのか"ということへの、保育者の想像力です。その家庭の背景（地域性・文化・経済状況）などを把握しながら、保護者と向き合ってください。もし、保護者のほうから「先生だから言うけど、うちの子のここが心配で……」と相談があれば、励ましながらも、次のステップ（医療・療育など）を紹介してもよいかもしれません。「行ってみたらどうですか？」というより、「一緒に行ってみませんか？」と誘いかけると心強いでしょう。そしてじっくりと計画を立て、結果に一喜一憂しながら、子どもの成長を保護者と共有してください。ただ、その成長が非常に微々たるときもあります。保育者はその育ちを増幅して伝え、保護者の子育ての意欲を支えてください。

　保育者は"その子"に数年かかわるだけです。一人ひとりの一生を背負うことはないので、たくさんの子と出会えるのです。そうでないと、保育者はできません。ですから「この数年でやれることをやろう！」と思えば、負担になりすぎることはありません。そして同時に、「親ってやっぱりすごいな」と感じると思うのです。保育者は数年の、しかも一日数時間の付き合いですし、仕事だから笑ってかかわっていられるけれど、自分が親だったらたたいているかも……ということもありますよね。

　例えば3歳児なら、親もまだ親の3年生で、わからないことだらけのなかで頑張っているのです。どうか、そんな保護者のサポーターでいてください。信頼があるから、この人のことを信じられるから生きられる、ということがありますよね。そんな存在として、保育者はとても貴重な存在なのです。

**A** 酒井幸子先生

　保護者に子どもの気になる面を伝えるのに、保育現場は今、慎重になっています。しかし、"園にいる間に、この部分については方向を変えていくことも大事"ということがあるのであれば、アプローチの仕方を工夫しつつ、伝える勇気も必要です。

　保育者は医者ではないので、症状を伝える必要はありません。保育者として「この子が苦しく思っているところを、少しでもいい方向に援助していきたい」という気持ちを、丁寧に伝えてください。大事なのは、"具体的に伝える"こと。例えば、音に敏感な子について、「みんなが集まっていると音が大きすぎるようで、"小さくしたら入っていける？"と聞いたら、入ってこられたのです。少し音に敏感かもしれません。おうちではいかがですか？」などと詳細に説明すると、話の糸口が見つかるかもしれません。

　「こんなふうに言うと、保護者を傷つけないだろうか……」と思える保育者なら大丈夫！　きっといい関係をつくっていけます。

## step 4 活用する
### 関係者で共有しよう

作った計画は、積極的に活用しましょう。
園内での共有・検討、就学に向けての活用や、
小学校との連携について解説します。

# 園内で共有する

気になる子どもへの対応について、担当者がひとりで抱え込むのではなく、
園全体で語り合うことも大事です。

## 学び合いの場を

　担任や担当者が、個別の指導計画の作成や子どもへの対応に行き詰まったとき、自分ひとりの責任だと思って抱え込み、なかなか周りの人に相談できなくて悩んでいる場合も多いようです。

　しかし、それではその子への対応は進んでいきませんし、保育も停滞してしまいます。例えば、職員会議や園内研修の時間を利用して、全職員で子どものことを話し合う「カンファレンスや検討会」などが行えるとよいでしょう。

　担当者は毎日その子にかかわり、よく理解しているつもりでも、もしかしたら"固定的"な見方になってしまっているかもしれません。違う視点をもった保育者同士で話し合うことで、いろいろな考え方にふれ、担当者も他の職員も共に、保育の資質を向上していく機会になるでしょう。

## 保育者のかかわりを統一する

　個別の指導計画の対象児は、ちょっとした刺激でペースを崩したり、不安になったりします。この先生はこれを容認してくれたのに、あの先生は容認してくれなかったという事態は、その子を混乱させてしまうことがあります。

　そのようなことを避けるためにも、**個別の指導計画やその子のエピソードを全職員で共有し、今のその子の実態や保育者のねらい、配慮点などを共通理解**しておくとよいでしょう。そしてどんな場面でも、そこで**かかわった保育者が同じ対応ができる**ことが理想です。

## 検討会のもち方（実践編P108〜参照）

　検討会にはさまざまなスタイルがありますが、材料として具体的なエピソードや子どもの姿があると、話を深めやすいでしょう。個別の指導計画やエピソードの記録、実際の場面を撮影したものなどを用意し、例えば次のような流れで話し合います。

①担当者が説明
担当者が個別の指導計画や、特に気になる場面のエピソード記録を準備しておき、全職員に配って、現状や悩んでいることなどを説明する。他の職員も、その日に話し合うことになっている子どもについて、可能な範囲で保育中の姿を注意して見ておく。

②検討会で話し合い
担当者からの話を受けて、全職員で意見を出し合う。「こんな場面を見たけど、そのときはこうだった」と情報を提供したり、「もしかしたら、○○君はそのときこう思っていたのでは？」と意見を出し合ったりして、さまざまな角度から深めていく。

③まとめ
その日に話し合ったことをまとめる。今後、引き続き注目して見ていくポイントや、統一したい対応などを全員で確認。

④実践・観察・記録
検討会で話し合ったことを、担当者をはじめ各職員が念頭に置き、見守りながら保育実践。担当者以外の職員も、気づいたことを記録しておき、次回の検討会で発表。

　この後②〜④を繰り返し、支援を継続していきます。2回目以降の検討会では、前回の検討会と、その後の保育実践や記録を踏まえ、再度話し合いを行います。検討会はできるだけ1度で終わらせずに、その子どもについて継続的に行うのが理想です。
　このような検討会は、園内研修などで職員のみで行うのもいいですし、巡回相談の先生など専門家に参加してもらってもよいでしょう。

# 就学に向けての共有

就学に向けて、園から小学校へと子どもの情報を引き継ぐにあたって、個別の指導計画も重要な参考資料のひとつになります。

## 小学校への引き継ぎ

　個別のニーズがあり、配慮が必要な子どもの場合は、園での保育や家庭での配慮などの資料を就学先の小学校に提出します（実践編P116〜参照）。この書類を作成する際に、これまで蓄積してきた記録や個別の指導計画が役立ちます。その関連性について、東京都日野市の実践を通して解説します。

〈計画⑧　日野市の就学支援シート〉

（保育所・幼稚園　記入欄）
Ⅰ成長・発達の様子

| | | 成長・発達の様子 | 支援内容・配慮点など |
|---|---|---|---|
| 健康・生活 | 身体に関すること | | |
| | 基本的生活習慣 | | |
| 人とのかかわり | 人とのかかわり | A | B |
| | 集団への参加 | | |
| | 意志疎通の方法 | | |
| 課題への取り組み | 取り組む様子（意欲・態度） | | |
| | 興味・関心 性格・行動等の特徴 | | |

## 活用する step 4

● "成長・発達の様子" は……
主観的な表現は使わず、事実をそのまま書くようにする。気になるところだけではなく、よいところ、成長したところなど、いろいろな面から見て、その子どもの全体像がわかるように書く。

● "支援内容・配慮点など" は……
園で行ってきたことについて、より具体的に書くことで、就学後の指導の参考になる。

● "保護者記入欄" は……
保護者が保育者記入欄の記述を確認したうえで、小学校に伝えたいことを記入する。

Ⅱ これまでの指導により伸びたこと、これからも伸ばしてほしいことなど

（保護者　記入欄）
就学後の生活に関する家族の意向、要望、期待など

| 学校生活 | |
| --- | --- |
| 家庭生活 | |
| その他 | |
| 入学予定小学校 | |

## 就学支援シートとは？

　日野市では、**園から小学校への途切れない支援を**目指して「就学支援シート」を導入しました。就学支援シートは、保護者の希望をもとに作成します。ただ、保育者が就学支援シートが必要だと思うケースでも、保護者から希望がないことがあります。その場合は、シートを小学校へ送ることが、より楽しい学校生活につながるということを、保育者が個別に伝えるようにしています。

　シート作成と活用の流れは次のとおりです。

```
        9月    就学相談
               （発達に不安を抱える場合などに、就学先について教育委員会と相談する）
       10月    就学時健診
       11月     ↓
       12月    就学支援シートの案内を全家庭に配布
               （希望者は園に申し出る）
12月中旬～2月中旬  就学支援シート記入
               （まずは園が記入し、それを確認したうえで保護者が記入）
      3月上旬   シートを各就学先へ送る
   3月中旬～下旬  小学校と園との情報交換や保護者との面談
                ↓
               入学後の6月ごろまでに学校での子どもの様子を担任の先生から聞く機会
               をつくっている。その際、学校側から指導に関する相談があれば、園で行っ
               てきた対応を伝える。
```

## 個別の指導計画から就学支援シートへ

　保育者は、前ページに掲載した就学支援シートを作成するとき、保育期間に蓄積してきた個別の指導計画のなかから、**その子の得意なことやよいところ、行動の特徴、効果的だった手立て、配慮を必要とする感覚や注意集中などの特性**などを、整理して記入します。

　個別の指導計画でポイントとなる内容を、どのように就学支援シートに反映するか、J君の例を通して見てみましょう。

活用する step4

〈個別の指導計画と就学支援シートのつながり例　＊一部抜粋〉

　これまで作成してきたＪ君の個別の指導計画や記録の内容を、就学支援シートの項目に沿ってまとめていきます。ここでは、"保育者とのかかわりや友達とのかかわり"について、手立てとＪ君の育ちを整理しました。個別の指導計画などからポイントを書き出したら、就学支援シートにまとめていきます。ここで挙げたポイントは、「人とのかかわり」に該当します。

**個別の指導計画や記録のまとめより**

> 　信頼関係ができると、だれにでも人懐こく接する。他児の役立つことをしようとしたり、他児のまねをして一緒に楽しんだりもするので、そういうよいところを学級で認めるようにした。
> 　興奮したときなど、本児が自分の感情をうまく表現できないときは、感情カードを活用して気持ちを伝えられるようにした。
> 　相手が強い語調になると、感情が高ぶり、トラブルを起こしやすかった。そこでそのような場面では、相手との話し方の指導も行いつつ仲介し、落ち着いて相手の主張を受け止められるようにした。
> 　現在は、「自分の気持ちは言えたからまあ、いいか」、「じゃあ、今は（相手の言い分を受け止め）、〜することにしよう」というように、自分の気持ちを押し通すだけでなく、相手の言い分を受け止めることが徐々に増えている。

↓

**就学支援シート（項目「人とのかかわり」）より**

（成長・発達の様子……P56 A）

> 　大人だけでなく他児と言葉でやり取りができる。安定しているときにはだれとでも気持ちよく接することができ、人の役に立つことをしようとすることもある。
> 　相手に強い口調で言われたり注意されたりすると、感情が高ぶってトラブルになりやすかった。

（支援内容・配慮点など……P56 B）

> 　他者と心地よいかかわりができている場面では、うれしい気持ちに共感し、人とかかわることへの満足感や楽しい気持ちを十分味わえるようにした。
> 　トラブルになったときは、相手の言い方への指導も行いつつ、仲介し、気持ちが落ち着くようにした。感情カードも活用して、自分の気持ちを伝えるなど、互いの気持ちを受け止め合えるようにした。

　このように、個別の指導計画に書かれていた、「実態把握」「手立て（試行錯誤した様子もわかるとよい）」「効果的だった手立て」などを整理し、小学校への引き継ぎ書類にまとめます。
　まとめる作業は難しいかもしれませんが、悩んで書くことが大事です。そのうえで、就学先の先生と話し合いができれば、就学後の指導に生かせる情報として、信頼性のあるものになるに違いありません。

## 小学校からのお願い

　園から小学校への移行支援は、入学直前ではなく、早めに連携が取れていることが望ましいでしょう。できれば話し合いの場に、保護者も一緒に参加してもらえることが理想です。そして、園から以下のような情報があれば、小学校も事前に受け入れの準備を行うことができます。

### ●子どもの実態について

　小学校にここまで伝える必要はないかな？　先入観を与えないほうがよいかな？　などと思わずに、どんな情報も詳しく小学校に知らせましょう。

　また、就学支援シートなどを作成するほどではないけれど、「ちょっとこの子も気がかりで……」ということもあるでしょう。そのような場合は、保護者にも配慮をしつつ、可能な範囲で小学校と共有しておけると、小学校側も何かしらの準備や心構えができます。実は、最初に情報がない子のほうが、後から大変になるケースもあるのです。

### ●保護者について

　子どもだけでなく、保護者の様子や思い、配慮事項なども、重要な情報です。"我が子の成長につながるのならどんなことでもしたい、という積極的な思いをもっている""進学先をどうするか悩み、いくつかの学校を訪問している"といった情報を、保護者の了解を得るなどの配慮もしつつ、伝えていけるとよいでしょう。

　そのためにも、ふだんから保護者とよい関係をつくっておくことが大切です。保育者や学校の先生はよき相談相手――"応援団"であるという思いを保護者がもてるようなかかわりを、築いていけるとよいでしょう。サポートを受けることに対して保護者がマイナスイメージを抱くのではなく、「サポートを受ける＝応援団を増やしていくこと」と、プラスにとらえてもらえるとよいですね。

また、就学の時期までに園にお願いしたいこととして、以下のようなことも挙げられます。

### ●専門家とつながる

いろいろな特性をもった子がいます。できるだけ、子どもが園にいる間に、医療・療育・家庭支援機関（児童相談所や福祉協会など）といった専門機関と連携がとれていると、支援がスムーズにいきます。園だけで抱え込まずに、みんなで支えていく体制を作っていきましょう。

### ●"特別支援教育"に対する理解と啓発

特別支援教育がどういうものなのか、よくわからないという保護者もいます。子どもに障がいがあるか・ないかにかかわらず、これはすべての保護者に伝えておきたいことです。

"特別"という言葉にひっかかって、マイナスイメージをもつ保護者、心を閉ざしてしまう保護者、現実と向き合えなくなる保護者もいます。

"できないから特別支援教育"なのではありません。**特別支援学級・通常学級に関係なく、どこでも"個に応じた教育"がなされるべきで、それが特別支援教育**です。恥ずかしいことではなく、あくまでも学習の場であるということ、特別支援教育は特別ではなく、"その子のニーズに合わせた教育をきめ細かに受けられる所"というとらえ方を、なんらかの形で保護者に伝えていけるとよいですね。保護者と一緒に特別支援学級の見学をしてみるのも、理解や安心につながるかもしれません。

保護者にも子どもにも、小学校は楽しそう、早く行きたいな、というプラスのイメージをもってもらうことが、入学後の安心にもつながります。園と小学校とで連携して、親子をサポートしていきましょう。

そうだん室

## こんなときどうする？ Q&A

計画の作成に対する不安や、就学後の子どもへの途切れない支援のあり方について考えます。

**Q** 個別の指導計画による支援が、逆に子どもを苦しめていないか、方向性が間違っていないか、不安です……。

**A** 酒井幸子先生

　このように自分の保育を常に振り返り、「この子にとってどうなんだろう」という問いをもつ保育者は、むしろ、とても素敵だと思います。「発達障がいだから」というフィルターはかけたくない、という気持ちは、保育者がみな抱くものだと思います。けれども、「この子は何か違うぞ」という感覚がある。それは育ちなのか、しつけなのか、文化なのか、それとも言葉が通じないのか……？　"なぜ、この子はこのときこういうことをするのか"の根っこがわからない。「キャー！」とその子が大声を出して止まらなくても、何に焦点をあてて対応したらよいのかがわからずに、途方にくれてしまう、「これでいいのか」と不安になってしまう、ということがあると思います。

　そんなときは「何か違う」という保育者の気づきを大事にして、それを整理するつもりで計画を立ててみてください。すると、自分が子どものどんなところを「ちょっと違う」と感じていたのかが少し明確になってきますし、「じゃあどうしたらいいのか」といった"次"に進むことができます。

　やってみて、その子にとってマイナスになることがあれば、再検討すればよいのです。作らなければ作らないで、「本当にこれでいいのか」という不安はずっとのしかかってくると思います。あなたの"気づき"を大切に、まずはやってみてください。

　今、「特別支援教育・個別の指導計画を」と盛んに言われており、「やらなければならないもの」と義務感を強く感じてしまう傾向があるようです。あまり構えずに、少し肩の力を抜いて書いてみましょう。

**A** 田中康雄先生

　あら探しや、できないところを抽出する作業はつらいです。計画を立てることを、楽しみにしてほしいと思います。

　「まず、この手立てで取り組んでみよう。だめだったら、子どものせいではなく、わたしがまだ、この子の思いにたどり着いていないということだ」ととらえてください。くじけずに、「もっとあの子の心に近づこう」と思って、取り組んでください。そして、自問自答するだけでなく、仲間と相談していけるといいですね。

## 活用する step 4

**Q** 就学時に学校へ子どもの育ちを引き継いでも、職員の異動などで連携を継続できないこともあり、子どもの成長を追ってみていく難しさを感じています。

**A** 酒井幸子先生

　連携の継続の難しさは、多くの保育者が感じている悩みですね。保育者ができることとしては、まず"保護者とつながりをもち続ける"ということ。小学校の教師が異動しても、保護者はずっとその子と向き合っていくわけですから、保護者とつながっていることで、共にその成長を追っていくことができますし、保護者を通して学校に働きかけていくことも、時には有効です。ただそのためには、在園中に保護者とそこまで信頼関係を結べるかどうかが前提になります。それが難しければ、少しずつでも行政の担当者に働きかけ、小学校との連携につなげていくということもあるでしょう。

　保育者も教師も、もっともっと連携の重要性について関心を高め、たとえそこにいる人が替わっても子どもの育ちは守られる、という時代が来ることを願っています。そのためにも、さまざまな地域から、「うちではこんなふうに取り組んでいます」といった情報発信が、活発に行われていくことにも期待しています。

**A** 田中康雄先生

　連携を考えるときは、"途切れない支援"がキーワードになります。そのためには職員同士ではなく、園と学校との連携という、"組織連携"のスタイルに変えていかないと、質問のように、職員の異動で連携の糸が切れてしまいます。可能であれば管理職同士が同席して、職員個々の連携にとどめないようにできるといいですね。

　また、"見返り"という作業も必要です。実はこれこそが"途切れない支援"のために必要な取り組みではないかと思っています。例えば、小学校の担任が、就学後半年くらいしてから園を訪れて、「○○先生をはじめ園の先生方に支えられ、入学した□□君ですが、2学期に入ってとても成長しています。これも先生方のこれまでのかかわりあってのことです。ありがとうございます」といった感謝の言葉を述べると、それが保育者のこれまでのかかわりを評価したことになり、大きな見返り・励みとなります。

　連携とは、人と人のつながりです。例に挙げたのは小学校側からの働きかけですが、そういったねぎらいの気持ちや言葉を互いにかけ合っていくことが、つながりを強めていくのではないでしょうか。

　だれもが頑張っているのですから。もっと褒められないと……！

# 実践編

保育現場から寄せられた「個別の指導計画」をもとに、
誌面上で「検討会＝誌上プチカンファレンス」を行います。

さまざまなスタイルの7つの実践を紹介。
自分が作りやすいスタイルはどれか、
子どもの実態に沿った計画にするにはどうしたらよいか……
これらの実践から、きっとヒントが得られるはずです。

「誌上プチカンファレンス」では、
計画の内容や子どもの見方、保育者のかかわりなどについて、
監修者で児童精神科医の田中康雄先生と
計画を作成した保育者とで意見交換をします。
計画と誌上プチカンファレンスを行ったり来たりしながら、
ぜひあなたも、この議論に参加してください。

# 日単位で記録・評価する

## 日誌タイプ

情緒不安定で乱暴な言動を繰り返す
A君（3歳・未就園児）に対し、
未就園児教室の保育者は対応を試行錯誤……。
細かく見る必要を感じ、その回ごとに記録と評価を
行って、それを個別の指導計画としました。

日単位で記録・評価する **日誌タイプ**

## A君のこと

●年齢は？
3歳児。未就園児教室に月2～3回のペースで通っており、次年度4月に就園予定。

●様子は？
・言語表現が同年齢の子に比べて巧みで、「お前だれだ！」「～なんだよ！」などと、乱暴な言い回しをする。
・大人と一対一だと落ち着いてあそべるが、持続時間が短く、集中力が切れると走り回ったり、高い所に登ったり、物を投げるなど激しい行動が出る。止めようとすると大きな声で泣いたり、暴れたりすることもある。
・活動の切り替えが悪く、朝会や設定保育で落ち着かなくなることが多い。

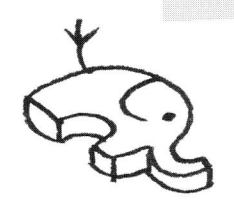

●専門機関とのつながりは？
病院では、ADHDとASD（自閉スペクトラム　仮訳※）両方の傾向があるという認識でA君を見守っており、現在療育に通っている。また、実はA君は、親子関係に心配な点が見られることを懸念した保健センターが、当未就園児教室に支援要請したケース。**(オ)** 母親は市が行う親支援プログラムに通っており、プログラム指導者が児童相談所の職員であることから、保健センター、児童相談所、当教室で連携して親子を見守っている状況。
※下線（オ）についてはP72で解説します。

●家族は？
父、母、弟の4人家族。母親は、A君の気になる姿が受け止めきれず、かわいいと思えなくなっている。時には理性のブレーキが効かずに手が出てしまったり、辛らつな声掛けしかできなくなってしまう、弟ばかりをかわいがってしまうと母親自身が悩み、つらくなると教室に電話をかけてくる。

## 計画のこと（→計画は次ページ掲載）

スタイルは？ ── **日誌タイプ**
A君のその日の記録を個別の指導計画として位置付けた。日誌に近いイメージ。

だれが？
教室担当の保育者2名で作成。

サイクルは？
未就園児教室であるために、月2～3回で1回につき1時間半しか接することができないこと、また、A君の姿と保育者の手立てが回ごとに大きく変化したため、日単位の記録・評価が必要だと判断した。

項目は？
ただ記録を記述するだけだと、課題や手立てが見えてこないため、「その日のねらい」「様子と次の手立て」「評価」と項目を立て、記録が計画的なものになるように整理した。
また、あれもこれも見る余裕がなく、まずはA君の姿をとらえることが大事と考え、視点は「A君の、今、気になる姿」1点に絞って追っていくようにした。

## 保育者の願い

●A君の気持ちに寄り添い、落ち着いて活動したり、気持ちを切り替えたりするためにどうしたらよいのかを、考えていきたい。
●教室での一対一の活動や小集団活動を体験し、少しずつ集団生活に慣れていってほしい。
●就園に向けて支援方法を探り、それを就園先につなげて、A君が安心して園生活が送れるようにしたい。
●母親の姿も見守りながら、少しでも安心してもらえるようにフォローをしていきたい。幸い、よく話をしてくれる母親なので、聞く態勢をきちんとつくっておきたい。

### 未就園児教室（B市）の紹介
保育園内にある教室で、園長、保育士、言語聴覚士、看護士、作業療法士が対応している。言語・行動・生活習慣全般・親子関係などに悩みをもつ未就園の親子を対象に，母子関係を中心としたあそびや運動、小集団活動などを通して、基本的生活習慣の確立やあそび方、人とのかかわり方を援助する。

※自閉スペクトラム（仮訳）…"スペクトラム"とは"連続体"という意味で、自閉症の特性をベースに、それが軽度のものから重度のものまで、その症状の出方もさまざまであることを表す。自閉症をはじめ、自閉症に類似した特性をもつ障がい（高機能自閉症、アスペルガー症候群など）が含まれ、これらは「PDD（広汎性発達障がい）」とも呼ばれてきたが、今後は、「ASD（自閉スペクトラム　仮訳）」としてまとめられる方向。

〈計画⑨　A君の個別の指導計画〉　※（ア）〜（エ）についてはP70から詳しく解説します。

| | | | | |
|---|---|---|---|---|
| 長期目標 | ●気持ちを切り替えて次の活動にスムーズに参加する。　●朝会や設定保育に落ち着いて参加する。 | | | |
| 短期目標 | ワアッとなった気持ちを抑える | | 気持ちを切り替えて次の活動を意識する | |
| | 11月29日（木） | 12月6日（木） | 1月10日（木） | |
| 今日の視点・ねらい | "自由あそび→片付け"の切り替えが悪い。スムーズに行える方法を探る。 | 切り替えが悪いときはあそんでいるおもちゃを活用し、A君の気持ちに添ってみる。 | 活動の切り替えの際に「〇〇パワー」を活用して、A君の様子を見てみる。 | |
| 様子 ◎次の手立て | 自由あそびは、ままごとやプラレールであそぶ。友達とのかかわりで、友達の物を取ったり、思うようにならないと「ワアッ」と騒ぐ。そのつど仲介して、言い方や方法を伝える。<br><br>片付けの時間だと伝えると、「嫌だ！」と言ってあそびを続け、止めると騒ぐ。使っていた「ミニカー」を見せ、「A君、これだけ取っておこうか」と伝え、A君のポケットに入れる。「頑張りパワーだからね」(ア)と話すと、気分が落ち着いた。<br><br>◎全部片付けるのではなく、「ひとつだけ持っていてもいい」としたことで、気持ちが落ち着いたのか。次回もこの方法を使ってみよう。 | 自由あそびからの切り替えの際、A君が自分からお気に入りのおもちゃをポケットにしまう姿があり、「A君、ポケットにパワーが入ってるから、お片付け頑張れそうだね」と伝えた。<br><br>片付けからの移行がスムーズにいき、朝会時も、離席しそうなときにポケットのおもちゃを意識させると頑張れた。<br><br>◎「〇〇パワー」という言葉は、ヒーロー好きなA君にとっては効果がありそう。気持ちや活動の切り替え場面で、効果的に使っていきたい。 | 自由あそびでは保育者のひざに座り、絵本を2冊見る。その後あそびが定まらず、目に入った所に行っては友達のあそびをじゃまして、トラブルになる。<br><br>"片付け〜朝会へ"の移行はスムーズだったが、朝会の途中から離席し始める。お気に入りのおもちゃを見せ、「A君、パワー持ってきたよ。ポッケに入れておこう」と伝えるが、「いらねえ！」と受け入れず。<br>朝会の後、みんなで"ジャンボかるた"をする。やりたい気持ちはあるが、待つことができず、かんしゃくを起こす。(イ)<br><br>◎気持ちを落ち着かせようと「パワー」を出したがだめだった。落ち着かなさはどこからくるのか…。次回、再度見ていこう。 | |
| 評価 | A君の「まだあそびたい」という気持ちのイライラについては、その気持ちを受け止めながら、「〇〇パワー」というA君の興味のあることにつなげたことで、まずは気持ちを落ち着かせることができた。落ち着いたところで、次の活動に目が向けられるようにしたい。 | | A君の姿から、気持ちだけでなく、行動面で落ち着かないときは「パワー」だけでは効果がなく、切り替えが難しい。ある程度じっとしてあそぶと、衝動的に「動きたい」という気持ちになるの | |

日単位で記録・評価する **日誌タイプ**

| | | 落ち着いた気持ちで朝会に参加する | |
|---|---|---|---|
| | 1月17日（木） | 1月24日（木） | 1月31日（木） |
| | A君が落ち着かない原因を探る。自由あそびの様子（言動など）を丁寧に見る。 | 朝会に移行する前に「リズム室」で思い切り体を動かし、動きや気持ちの発散をしてみる。 | A君の姿を見ながら、発散する時間をつくっていく。 |
| | 自由あそびでは、保育者とままごとやごっこあそびを楽しむ。

片付けでは、ボールの入っているかごをひっくり返したり、高い所に上ったりする。

トイレに行く際、他児が電車になってつながるのを待ち切れず、「走りて〜んだよ！」と列から離れて走る。廊下を少し走ると、その後トイレに行く。

朝会は、机に上ってしまう。「あそびて〜んだよ！（絵本は）見たくねえ」と、落ち着きのなさが増す。着席するように言うとかんしゃくを起こす。「パワー」が使えない!!

◎「走りたい」の言葉、友達や物にあたる姿、高い所に上る姿から、とにかく「動きたい」という衝動性を感じる。刺激を求める気持ちになるのかもしれない。気持ちを落ち着かせるには、体の発散が必要なのではないか。 | 自由あそびは20分くらい落ち着いてあそぶが、その後落ち着かなくなり、友達に手が出るようになった。限界のサインだと判断。

リズム室に誘って何周も走ったり、保育者と2人でかくれんぼをする。あそぶ前に、部屋に戻る時間を伝えていたためか、15分あそんだ後は切り替えもよかった。

朝会では自分からいすに座る。A君が「パワー」がないことに気づいたが、「パワーがなくても座ってられてすごいね」と伝えると、うれしそうだった。保育者の話にはいろいろ悪態をつくが、終わりまで座って参加した。

◎広い場所で体を動かしたから、イライラを解消して朝会に向かえたのかな？　様子を見ながら、必要に応じて発散の機会を取り入れてみよう。 | 自由あそびの途中から、ボールを投げ始める。バランスボールを出すと転がしてあそび、だんだん転がし方が激しくなってくる。「走りたくなったら教えてね」と声を掛けると、「走りたくない」とのこと。片付けを知らせると、急に「走りたくなっちゃった」と言う。おもちゃの片付けを促し、保育者が他の片付けに向かうと、突然A君がボールのかごをひっくり返す。(ウ) A君の片付けを最後まで見届け、認めてあげればよかった。

別室でかくれんぼをした後、朝会には自分からいすを持ってきて参加するが、絵本の途中から離席する。降園時にA君が「今日は走ってね〜じゃねえか」と言う。(エ)

◎かくれんぼで発散できたかと思ったが、A君にとっては不完全燃焼だったのかな？　次は"しっかり走って"から、朝会に臨んでみよう。 |
| | ではないか。活動を、まずは朝会に限定して、気持ちを落ち着かせて参加できるような方法を考えたい。 | 朝会前に気持ちや動きの発散をすることで、自分から着席はできた。しかし集中時間の短いA君にとっては、10〜15分程度の朝会であっても、落ち着いて参加するのは難しいのかもしれない。朝会の「名前呼び」「絵本」どれかひとつでも参加できたらよしとし、A君を認めよう。また朝会の途中で落ち着かなくなったら部屋の外へ連れ出したり、「パワー」を効果的に使ったりしてみよう。 | |

# 誌上プチカンファレンス

計画を作った保育者（＝保育現場の立場）と
本書監修者の田中康雄先生（＝医療の立場）とで、
計画や実践の内容について、意見を交わします。

※前ページの計画と照らし合わせてご覧ください。

### 計画を作ってみての感想

　最初はA君にどう対応してよいかわからず、「やってもやっても、A君に追いつかない〜！」と困惑していましたが、焦点を絞って記録をまとめていくことで、A君の心理状態や自分の手立て、保育環境はどうだったかなどが見えてきました。

　ただ、評価の難しさも感じています。特にこうやって日単位で見ていくと、目標や評価をとても細かく判断する必要があります。"A君の今の力"がどのあたりにあるのか、例えば、"朝会で座っていられる"を目標として設定していいのか、それとももっと細かく"名前を呼ばれるまで、座っていられる"とする必要があるのか……など、日々試行錯誤していました。

### 全体の感想

　スケッチのようなまなざしで綴られた、記録スタイルの計画です。保育者がさまざまなアイテムを準備し、試行錯誤してきたことによって、A君が「大人と楽しく過ごしたい」「多くのことは大目に見てもらいながら認めてもらいたい」という願いをもっていることがわかりました。わずか3か月でここまでのかかわりを実践し、変化が表れたことに敬意を表したいと思います。A君の力と、それを引き伸ばした保育力ですね。

　この時点では"発達障がい"という視点よりも、"よりよく育つためには、人と場の提供こそが大切"という視点で、今後もA君の思いに寄り添ってほしいと思います。

### A君について想像すること

　"A君の言語表現がかなり巧み"だということですが、"ちょっと生意気な、大人びた話し方""子どもっぽさに欠ける"という雰囲気なのではないでしょうか。初対面の人から、あまりかわいがられるようなことがない子なのだろうなぁと想像します。思うようにならないとかんしゃくを起こすA君ですが、これはおそらく、しょっちゅうあるだろうと思います。

　A君がかんしゃくを起こしたときには、まずその心情を想像し、大変ですが、あきらめずに伝え続けてください。「飽きた？」「先の見通しがもてなくて、実はとても不安？」など、その状況でのA君の気持ちを考えてみるとよいでしょう。

　また、保育者がA君に掛けた「頑張りパワー」という言葉 (ア) は、うれしい表現でとてもよいですね。A君の世界に通用する言葉での励ましは、いろいろな場面でA君のお守りになったことでしょう。これはただ単に、"A君が好きなヒーローにつなげられたから"ということだけではありません。そんな"保育者とのかかわり"から、A君は頑張りをもらえたのです。

　A君は発達障がいだと想定できるけれど、ADHDなのかASDなのか、その輪郭ははっきりしないと医療は見ているようです。最近、このような傾向をもつ子どもの相談が少なくないと感じます。

日単位で記録・評価する **日誌タイプ**

## ①活動に求められる力とA君の力

> 1月10日の**(イ)**で、A君が「待つことができず、かんしゃくを起こした」とあります。"待てない"ことだけが原因だったのでしょうか？ A君はかるたのルールを理解していましたか？

> かるたのルールはわかっていたと思います。やりたい気持ちが大きくて、待てないという感じだったと……。

> そうですね。言葉が巧みなA君なので、「ルールがわからないはずがない」と思っていました。でも今考えてみると、"保育者が言うのを待ってから取る"ということを、理解していなかったのかも……。

> 確かに。とにかく「目に入った電車のカードがほしい！だから取る」という感じだったのかもしれませんね。待つ、カードの数を競うということは、A君には関係なかったのかもしれません。
> かるたのルールをわかる子はわかるけれども、そもそも2～3歳という年齢で、かつ発達の気になる子どもたちに、そこまでのことを望むのは、まだ早かったのかな……？

> そうかもしれませんね。しかも、まだ集団に入る前の未就園児たちですし……。「子どもたちの育ちに合ったあそびかどうか」という視点で、改めて"かるた"を考えてみると、疑問が出てきました。なにげなく行っているあそびや活動について、見直しが必要ですね。

> 朝会に関してはいかがでしょう？ 落ち着いて参加するのが難しい様子ですが、もしかしたら朝会には参加しないで、A君の気持ちを整える時間にするのもありでしょうか？

> 就園後の集団生活への準備として、この教室で朝会を経験しておいてほしいという思いがあって……。A君にも、部分的にでも参加してもらいたいと思っていました。
> でもかるたと同じで、まだ"集団"を求める段階ではなかったのかもしれません。まず、A君との関係をしっかりつくってからでもよかったのかも……。

> そうですね。未就園児の保育について、改めて考えたいと思います。2～3歳児って、保育者が言えばできちゃったりする年齢なんですよね。もしかしたら、子どもたちが保育者に合わせてくれていた部分もあるのかもしれない、と気づかされました。

## ②乱暴な言動の裏にあるA君の切実な思い

1月31日に、突然ボールのかごをひっくり返したA君（**ウ**）。これまでの保育者とのやり取りに加え、ここでA君は、さらに保育者を試そうとしたように見えます。「どうだ、これでもおれを見捨てないか？」「それでも、僕を好きになってくれるか？」という気持ちだったのではないかと感じました。

このとき、A君の片付けを最後まで見届けず、ほかの子に声を掛けてしまったんです。A君に「片付けられたね」と声を掛けてあげられたらよかった……。A君がこういう言動をするときは、どこか大人の反応をうかがっているようなところがあります。田中先生がおっしゃるように、「自分のことを見てくれているか」と、試すような気持ちだったのだと思います。

A君は、大人が一対一でかかわっているときはおだやかで、よくあそびます。この教室をいつも楽しみにしてくれていて、大人とのかかわりを求めていると感じます。
家では、お母さんとはほとんど一緒にあそんでいないようで、彼がお母さんの注意を引けるのは、何か問題を起こしたとき。弟がいて「もうお兄ちゃんなんだから」と言われることも多く、A君が望んでいるような大人のかかわりが、慢性的に足りていない状態だったのかもしれません。

A君は、ADHD的な要素をもちつつも、大人から大切にされる、大人があきらめないでかかわってくれることを求めているのですね。
この日、教室から帰るときに「今日は走ってね～じゃねえか」と言ったA君の言葉（**エ**）から「ああ、もっとここで過ごしたかった。残念だな」という気持ちが伝わります。「じゃあ明日は一緒に走ろうか」と、よい発散の仕方とともに「次回がある！」という継続性を伝え、保障するチャンスです。

## ③心配される親子関係について

保健センターが介入しているケース（**P67 オ**）ということですが、お母さんは、A君に手がかかるのでついつい不適切なかかわりになってしまっているのでしょうか？ それとも当初から子育てに自信がもてず、適切なかかわりになりにくいのでしょうか？ 前者の場合は子育ての苦悩について、後者の場合は精神的苦悩（マタニティーブルーなど）を考える必要があります。

両方あると思います。お母さんはとてもまじめな方で、母子手帳をもらいに行ったときから不安が大きく、よく保健センターに相談に来ていたと聞いています。そしてA君が産まれて離乳食が始まったころ、こんなにいろいろやっても食べてくれない、栄養が心配……など、とても悩んだそうです。その後もA君が成長するにつれ、多動や暴言などもエスカレートし、A君のことをかわいいと思えなくなってしまったようです。

初めてA君に会ったとき、この子の育てにくさは大変だっただろうなぁと思い、「お母さんの育て方ではなくて、この子自身がもっている難しさがある」と話しました。保健センターからは、「とにかくお母さん支援が必要」と聞いていましたが、A君の育てにくさがもう少し早くキャッチできていれば、ちょっと違っていたのかなと思ったりもします。

**日単位で記録・評価する 日誌タイプ**

　B市では支援の必要な保護者にCSP（コモンセンスペアレンティング）※を導入しています。A君のお母さんにもCSPに通ってもらい、少しずつかかわり方がわかり始めて……でも、消化できなくてという浮き沈みを繰り返していました。そして就園前の3月に、お母さんが「"弟におもちゃを貸してくれてありがとう。えらいね"って褒められたんです！」と笑顔で教えてくれたんです。大きな一歩だと思いました。

　保育者やサポートするみなさんが、A君のお母さんがもつ力を信じてきた結果が出たのではないでしょうか。大変だったけど、A君のお母さんが得たものは大きかっただろうと思います。
　母親とのやりとりにおいて少し注意したいのは「教室でこうしたらうまくいった」ということだけではなく、保育者であっても苦労するという状況を伝え、子育ての戦友的感覚を共有する意識も必要ということです。よい面ばかりを知らせると、親の力を否定されたように感じてしまい、自信を失う場合もあります。また、常に母親の労をねぎらうことも忘れないでください。お父さんとの協力関係や、父親の子ども評価も気になるところですが、いかがですか？

　実はCSPの最終回に、お父さんも一緒に参加してくださいました。そして、「最終的に自分が家族の責任をもつ。大丈夫。これからがスタートなんだ」と、毅然とおっしゃってくださったんです！　この言葉は、お母さんにとって何にも勝る、大きな力となったのではないでしょうか。

**その後……**

　A君は翌年度4月に保育園に入園し、園生活を楽しみに通っているようです。就園前に教室から保育園にA君の申し送りを行い、入園後もときどき様子を見にいって情報交換をしています。
　お母さんには、「もしつらくなったら教室にあそびにきてね」と伝え、いつでも相談できる場所があることを知らせてあります。ただ、やはりベースは保育園なので、「保育園でしっかり支えてくれるからね」ということも同時に伝えています。

　保育園からの話を聞くと、お母さんの様子がだいぶ落ち着いてきたと感じます。年度末にA君のことを褒められたこと、お父さんの気持ちを聞いたことが、自信につながったのかもしれませんね。
　今、お母さんが心配していることを挙げるとすれば、「カミングアウトをどうするか」ということです。クラスの保護者に、どのようにA君のことを伝えていくかを、医療関係者も交えてこれから少しずつ考えていく必要が出てくるだろうと思います。

　いつも思っていることがあります。親が元気なら、子どもも元気でいられる。A君の思いに寄り添ってかかわってくれる保育者さんが、A君の両親を勇気づけたのです。とてもうれしいことですね。
　カミングアウトの前に今一度、A君がどんなお子さんなのかを、保護者と園とで振り返ることが大切な気がします。生活の言葉でA君を語ることが、大事なのではないでしょうか。

※CSP……アメリカで開発された"被虐待児の保護者支援"のペアレンティングトレーニングのプログラム。暴力や暴言を使わずに子どもを育てる技術を親に伝えることで、虐待の予防や親の自信回復を目指すもの。

# 1年の保育を振り返る

## 年間のまとめタイプ

多動で落ち着きのないBちゃん（3歳）の記録を見返すと、
年度初めと終わりとで大きな変化が……。
次年度につなげるためにこれまでの記録を整理して、表にしました。

### Bちゃんのこと

**●年齢は？**
3歳児。
3年保育の3歳児クラスに入園。

**●様子は？**
・未就園児の活動で園に来た入園前当初から、多動気味で落ち着きがなく、走り回っていた。
・会話をするときに相手と目が合わず、オウム返しになる。
・未就園児活動はある程度プログラムが組まれており、活動の予定にない滑り台やおもちゃに興味が移って保育者に止められると、パニックになって泣くことが多かった。

**●専門機関とのつながりは？**
入園前に母親と話し合う場を設け、「今後、園と家庭との連携はもちろん、専門機関のサポートも必要になると思う」と、母親の気持ちに配慮しつつ伝えた。母親は「少し手のかかる子」と思っていたようで、最初は戸惑ったようだが、園の話をすぐに受け止めてくれた。
その後、母親自身が市の相談機関に連絡し、「入園前の発達が緩やかな子」を対象とした活動に参加する。入園後は大学病院の療育センターにも通うことになり、4月と5月に療育センターと母親で面談、発達テストを実施。その結果に合わせて、療育を受けている。

**●家族は？**
父、母、兄の4人家族。兄が卒園児なので、Bちゃんは以前に何度か園に来た経験があり、環境をある程度知っていた。入園が決まる少し前から、勤務の都合で父親とは離れて暮らしている。

## 1年の保育を振り返る　**年間のまとめタイプ**

### 保育者の願い

- 居場所ができ、Bちゃんにとって幼稚園が好きな場所になるよう、かかわりや環境づくりを検討したい。
- 興味をもっていること、反応がよかったことなどを園と家庭とで共有して連携し、園と家庭生活との間にギャップができるだけ生じないようにしたい。
- 他児とのかかわりがほとんど見られないため、あそびやクラス活動を通して、友達と接点がもてるように援助していきたい。
- 未就園児活動のときは自由に行動していたが、入園後はクラスの一員となり、みんなと同じ行動ができるように、活動の手順や段取りを工夫していきたい。
- 園・家庭・療育機関三者の風通しをよくし、互いの様子を見学し合うなど、連携を強めたい。**(イ)**

※下線**(イ)** についてはP78で解説します。

### 計画のこと（→計画は次ページ掲載）

**スタイルは？** → 年間のまとめタイプ

本園には個別の指導計画がなかったため、Bちゃんについても個別に計画を作成することがないままに新年度がスタート。Bちゃんの姿や母親とのやりとりなどは、担任が個人ノートに記録していた。1年が終わるにあたり、Bちゃんの入園時と現在の様子に大きく変化があることから、1年間の振り返りをしながら記録を項目ごとにまとめ、表にした。

**だれが？**

担任と主任が作成。未就園児活動のときにかかわりがあった保育者からも話を聞き、それも踏まえて作成。

**サイクルは？**

「年間の個別の指導計画」と位置付け、これまでの振り返りをし、次の年度につなげる計画にした。

**項目は？**

入園前に気になっていた「保育者とのかかわり」「言葉」「あそび・友達」の項目を入れることで、不得意だった部分がどのように変化していったかわかりやすくした。また、本園では、年間を通して週に一度、屋内プールでの活動があるため、「プール・その他」の項目を設定した。
入園前からかかわりがあったため、「0期」の項目を作り、未就園児活動の様子も書き込んで、"入園前→入園後"をわかりやすくし、「次年度のはじめに向けて」を入れることで、次の目標も明確になるようにした。

〈計画⑩　Bちゃんの個別の指導計画〉　※（ア）～（カ）についてはP78から詳しく解説します。

| 重点目標 | | 園生活に慣れ、保育者や友達とかかわりながら、楽しんであそぶ | | |
|---|---|---|---|---|
| | | 入園前 | 4月　　　5月 | 6月　　　7月 |
| | | 0期 | 1期 | 2期 |
| 子どもの姿（ア） | 生活 | ・多動気味で落ち着きがない。<br>・走り回る。<br>・未就園児活動でいすに座ることが難しい。 | ・フリーの保育者と、一つひとつ一緒に所持品の始末をする（体操着・カラー帽子・外靴・上履き入れ）。<br>・給食→好きなもの（ご飯、卵焼き）が出ても手をつけないことが多い（ご飯だけは少し食べる）。<br>・トイレ→声を掛けないと行かず、行っても「出ない」と言ってすぐに戻る。 | ・保育者の援助を受け、身の回りの始末を自分でしようとする。<br>・給食→白米の他におかずを一口食べるようになる。<br>・トイレ→自分から行き、「出ない」と言って戻る。 |
| | 保育者とのかかわり | ・目を見て話を聞くことが難しい。 | ・保育室に入らないときは、フリーの保育者と一緒に行動する（水槽を見たり、大プレイルームであそんで落ち着いたら戻ってくる）。 | ・廊下に出ても、名前を呼んだら保育室に入る。<br>・思い通りにならないと泣くことがあるが、保育者と一対一で話をすると、泣きやむことが多い。<br>・製作のときはフリーの保育者がつき、一緒に行う。 |
| | 言葉 | ・奇声を上げる。 | ・オウム返しが多い。 | ・オウム返しもあるが、理解できる質問に対しては、単語で話す。 |
| | あそび・友達 | ・未就園児活動で、活動の予定にない遊具やおもちゃに興味が移り、保育者に止められるとパニックになって泣く。 | ・幼稚園内→水槽、大プレイルームのボールやマットなどで体を動かすことをする。<br>・外→山、アリなどの自然物に興味をもつ。<br>・保育室にいても外に出てあそびたがる。<br>・興味があることに対しては、積極的に行う。<br>・ひとりあそびが多く、友達とはかかわりがない。<br>・着替えのときにパンツ姿の友達が気になり、追いかけることがあった。 | ・ひとりあそびから徐々に友達とのかかわりが増えてきて、追いかけっこをするようになった。<br>・保育室→絵本、おもちゃが入っている入れ物に興味をもつ。<br>・外→自然物や固定遊具であそぶ。<br>・友達の名前は覚えていない。 |
| | その他 プール・（オ） | ・兄が卒園児なので、園内をある程度知っている。<br>・プールに関心があるかどうかはわからない。 | ・プールに対して恐怖心（顔に水がかかるのが嫌）があり、始まる前に泣くことがある。 | ・プールは楽しくあそぶことを主としており、徐々に怖がらなくなってきた。 |
| ねらい（○）と内容 | | | ○園生活に慣れる。―――――――――――――――→<br>・園での生活の流れを知る。<br>・幼稚園がどんな所かを知り、安心して過ごす。<br>・身の回りのことを自分でする。 | ・園生活の習慣や流れがわかる。<br>・保育者や友達の話が聞けるようになる。 |
| 環境構成・援助のポイント | | ・当日あそぶ部屋を、あらかじめ直接伝えておく。 | ・持ち物の始末がしやすいようにロッカーなどに、前に使ったカブトムシのシールをはり、目印をつける。<br>・外に出たい気持ちが強く、座ることが難しかったため、朝の会ではフリーの保育者がつき、いすに座るように促した。<br>・瞬発的に行動することもあり、そのつど止めていた。 | ・片付けがしやすいように、おもちゃの置き場所を一定にし、一緒に片付ける。<br>・生活に必要な場所を絵で示す。<br>・着替えや排せつの仕方などを丁寧に伝える。<br>・自分でしようとする意欲を認め、自分から取り組む姿勢を大切にする。 |
| 家庭・関連機関との連携（ウ） | | ・母親と他の機関へのサポート要請について話し合い、その際、今までの関係を崩さないようにする。<br>・母親が市の相談機関に連絡をする。 | ・初めて療育センターに行く前に、Bちゃんの園での様子を母親に伝えた。<br>・療育センターと母親とで話したことを、面談で主任・担任が聞き取った（Bちゃんの様子や妊娠時のこと、検査のことなど）。 | ・幼稚園生活を第一優先にしたいという母親の思いで、半日保育の日や長期休みに療育に通っている。<br>・検査結果を聞き、園でもできることを行った（指示を出す前にBちゃんの注意を向ける、できたことをすぐ褒める　など）。 |

| 評価・反省 | ・入園当初はなかなか保育室に入れなかったが、無理強いせずフリーの保育者が付き合ったことで、3学期には落ち着いて過ごせるようになった。<br>・フリーの保育者に対して信頼があり、苦手な給食を完食する姿を見せたいと、Bちゃん自身が意欲を見せるようになった。<br>・友達とは会話が続かず、言いっぱなしになることもあるので、引き続き様子を見ながら、まずは保育者と会話をしていきたい。<br>・話をして行動を起こすときに瞬発的に動くので、そのつど止めてゆっくり動こうと促すようにしたところ、成長が見られた。<br>・母親に療育センターと幼稚園の仲介をしてもらい、Bちゃんにとってよい環境を築くことができた。 |
|---|---|

1年の保育を振り返る　**年間のまとめタイプ**

| | 9月　10月　11月 | 12月　1月　2月　3月 | 次年度のはじめ（年中児）に向けて |
|---|---|---|---|
| | 3期 | 4期 | |
| | ・身の回りのことがほとんど自分でできる。 | ・生活の流れが身につき、次に何をするのかがわかり、自分で行動する。<br>・給食→保育者が手伝うこともあるが、完食したいという意欲を示す。<br>・トイレ→自分から行き、出るまで待っている。 | ・目印のシールがなくなり、保育室の環境も変わり、戸惑う姿が見られるが、話を聞くと安心できる。<br>・年少時に同じクラスだった子とグループが一緒だと安心する（他クラスにも興味が出てきているが、まだ距離があるため）。 |
| | ・わからないことがあると、保育者に聞く。<br>・周りの友達と同じように指示を聞いて行動でき、製作のときに保育者がつかなくてもひとりでできる。 | ・保育者がしていることに興味を示し、質問をする。 | ・自分の思いを保育者に伝える。<br>・保育者と一緒なら、友達に話しかけたり疑問に思ったことを聞いたりできる。 |
| | ・言葉でのコミュニケーションが少し増える（オウム返しではなく、言葉のキャッチボールが2往復ぐらいできる）。 | ・言葉のコミュニケーションが増える（オウム返しではなくキャッチボールが増える　4往復・質問の応答がある）。<br>・無言でうなずくこともある。 | ・会話のやりとりをできるだけ長くする。<br>・自分の願いを表現できるように、なるべく言葉でコミュニケーションがとれる。 |
| | ・お店屋さんごっこを通して友達と簡単なやり取り（これください）をするようになる。<br>・保育室→引き続き絵本やおもちゃの入れ物であそぶ。<br>・外→乗り物や縄跳びなどであそぶ。<br>・机が同じグループの子や通園バスが同じ子の名前を覚え、名前で呼ぶことが増えた。<br>・給食カード※が始まり、周りにいる友達が完食すると一緒に喜ぶ。 | ・少しルールのあるあそびが友達とできる（順番を守るもの）。<br>・療育センターで使っているものであそぶ（3cmくらいの大きさの積み木・野菜の絵のかるた　など）。<br>・他クラス、他学年の友達の顔や名前が出てくるようになる。<br>・自分から友達に話をふり、会話を楽しむ。<br>・自分から使いたいものを言い、取ってもらったり譲ってもらったりする。 | ・療育センターで使っていたものを環境として用意し、他児とも一緒にあそべるようになる。**(エ)**<br>・Bちゃんが興味をもって年少時に使っていたおもちゃで、安心感をもってあそぶ |
| | ・水あそびに慣れてきて、プールを楽しみにしている。<br>・顔に水をかけても笑顔でいることが増えた。<br>・浅いプールで泳ぐ練習をするとき、沈むのが怖いためビート板にしがみついていた。 | ・浅いプールに慣れ、ビート板に体を預けるようになる（笑顔で泳ぐ）。<br>・深いプールに挑戦し、泳いでみると楽しかったのか「またやりたい」と言う。 | ・泳ぐことに興味をもち、進んでやるが、顔に水がかかるのは好まないので、顔つけができるようにする。**(カ)** |
| | ○学年・クラスの一員として、一緒に行動するようになる。<br>・行事やあそびで、友達とかかわることを喜ぶ。<br>・運動会や発表会を通して歌ったり踊ったりして、表現あそびを楽しむ。 | ○自分のしたいことや感じたことを表現しようとする。<br>・友達とあそぶ楽しさを知り、あそびに必要な言葉や自分の気持ちが言える（一緒にあそぼう、何がしたいのか　など）。<br>・年中組になることに期待をもって生活する。 | ○自分の思いやイメージを言葉で伝える。 |
| | ・片付けであそんでいるときは、一緒に片付けたり、友達と競争したりして楽しく片付けられるように声を掛けた。<br>・行事で興味をもったものを保育室に置いた（発表会の曲など）。<br>・行事の多い時期で学年で話すことが多かったため、全体で話した後にわかりやすい単語や言葉で説明し、いつも助けてくれる友達と行動するようにした。 | ・療育センターとのギャップがないように、療育センターのおもちゃを手の届く所に置いたり、数を増やして友達とも使えるようにした。 | ・今までやってきている重点などを続ける。<br>・製作→言葉で伝えるとともに製作途中の物や完成した見本を近くに用意する。 |
| | ・2学期が終わるころに、主任と担任で園での様子を伝える一方、母親から療育センターの様子を聞き、共有した。<br>・園長、主任、担任で療育センターを見学（持続してできること、ゆっくり動く、耳から指示を聞いて動く、手先の動きを含むものを1時間かけて行っている）。 | ・母親と直接会えた日は、1日の様子を伝える（ひとりでできたことや初めてやったこと、会話など）。<br>・母親に仲介の労をとってもらい、療育センターの指導員にも幼稚園でのBちゃんの姿を見てもらいたい。<br>・療育センターで今重点を置いているところを園でも実施（会話を増やす、ゆっくり行動するなど）。 | ・母親とBちゃんに関することを共有する。<br>・療育センターへの見学や幼稚園での様子を療育の指導員に見てもらう機会を定期的に設定する。 |

※給食カード…食べる意欲が増すように個別に作ったカード。

# 誌上プチカンファレンス

実践者と監修の田中康雄先生とで、
「関係機関や家庭との連携」「苦手なことへの取り組み」
「療育の場と園での子どもの姿のギャップ」について、意見交換しました。

※前ページの計画と照らし合わせてご覧ください。

### 計画を作ってみての感想

　個別の指導計画の作成自体が初めての試みで、今も模索状態ですが、表にすることによって、幼稚園全体で情報を共有できるよい素材になると感じています。
　1年間の計画を作成するとなると、大変な作業だと思っていましたが、その子に合った項目を設定すると、とても記入しやすかったです。記入後に次年度の目標を入れたことでつながりがよくわかり、その子の状態に合った個別の指導計画になると感じています。

### 全体の感想

　従来の計画と異なり、1年間のかかわりを振り返り、次年度につなげるための指導計画です。今の姿がどのような経過から形成されてきたかを振り返ることは、自らの保育実践を振り返るだけでなく、Bちゃんの育ちを改めて見つめ直すことになります。
　これまで個別の計画を作成していないというのは、あくまでも文書としてという意味で、この園では日々こうした取り組みを、通常保育のなかで実践してきたのだろうと思いました。「その子に合った項目」という視点が、実はふだんから実施されていた保育の姿なのでしょうね。すばらしいと思います。

### Bちゃんについて想像すること

　一見、多動で落ち着きのないBちゃんですが、計画の「子どもの姿」(ア)にあるように、大人とのかかわりが苦手で、あそびにも不安や恐怖感をもちやすい子であることがわかります。つまり、言動を調整する以上に、安心感をもった関係性をどうやって築くかがポイントになるでしょう。
　また、父親とは離れて暮らしているという家族状況や専門機関とのかかわり状況から、母親への応援も、安心感をもった関係性が大切になってくるだろうと思います。

## ①療育現場・家庭との連携

　「保育者の願い」(P75 イ)に「園・家庭・療育機関三者の風通しをよくし、互いの様子を見学し合うなど、連携を強めたい」とありました。計画の「家庭・関係機関との連携」欄(ウ)からも、保育者・保護者・専門機関が、非常によいかかわりをもち、密な連携関係にあることがうかがえますね。
　母親に対しては、これまでの養育姿勢を評価し、自信を失わせないようなかかわりがなされています。母親自身に主体的に動いてもらうことで、「子どもの今に寄り添うことができた」という達成感をもつことができただろうと思います。こういう態勢を早々に築いた園の内部連携に敬服します。

## 1年の保育を振り返る　年間のまとめタイプ

Bちゃんが園生活をどんなふうに過ごしているのか、保護者は心配に感じていたと思うので、不安が安心に変わるように努めました。園生活のなかでできないことを伝えるのではなく、さりげないひと言や表情、成功したことをたくさん伝えるようにしました。例えば、着替えの場面で、ボタンが外せないことを体で表現していたのが、ある日言葉で「取って（外して）ください」と言えたこと。いつも保育者にトイレを促されていたのが、自らトイレに行けたことなど、ささいな出来事でも、電話や送迎時の会話などで直接話すようにしました。

そういった細かなかかわりの積み重ねが、母親の安心感につながっていきますね。療育機関ともよく連携がとれていますね。母親を介して様子を把握したり、実際に療育機関に見学に行ったりと、積極的に働きかけていてすばらしいです。
Bちゃんが通う療育センターで使っていたおもちゃを、保育現場にも取り入れていましたが**(エ)**、例えばどのような物を用意したのでしょうか？

"Bちゃんだけのおもちゃ"にするのではなくて、そのおもちゃの楽しみがほかの子どもたちにも広がればと思い、簡単に手作りできそうだったり、複数入手しやすそうな物を準備しました。例えば、小さな積み木をたくさん用意してそれを積み上げるあそびや、ドレッシングの容器に適当な長さに切った縄跳びの縄を入れるあそびなどを取り入れてみました。

療育センターを見学したとき、頭や手先を使ってあそぶおもちゃがたくさんあり、どれも集中し、簡単にできるので、達成感も味わえているように感じました。そこで、園の環境を見直すことにしたんです。
　療育の場にあるはずのおもちゃが園に用意されたとき、Bちゃんは「どうしてこのおもちゃがここにあるの？」というキョトンとした表情をしていましたが、保育者が「あそんでいいよ」と声を掛けると、「やったー！」という表情ですぐにあそび始めました。目新しいおもちゃで楽しそうにあそぶBちゃんに、周囲の友達が興味深げに近寄ってきて、Bちゃんが「こうするんだよ」と友達に教える姿も見られました。
　こうやって同じ楽しみを味わう時間と空間は、友達と一緒に過ごす心地よさの体験になっているのではないかと思います。

そういったさりげない配慮は、みんなといることにいたずらに不安感を与えず、もしかしたら一緒にあそぶきっかけになるかもしれませんね。その意味では"安心感をもった関係性"を形成する小道具と言えるかもしれません。「友達と一緒に過ごす心地よさの体験」って、素敵な言葉ですね。

## ②苦手なことを、無理なく、少しずつ……

> こちらの園では、年間を通して屋内プールの時間があって楽しそうですね**（オ）**。最初はプールに恐怖心があったBちゃんですが、徐々に楽しめるようになってきています。「次年度のはじめに向けて」の欄で「顔に水がかかるのは好まないので、顔つけができるようにする」**（カ）** とありましたが、どんなふうに、Bちゃんを応援していくとよいでしょう？

> いきなりプールの水に顔つけ、というのはハードルが高いので、ちょっとずつ慣れることができるように、毎回のシャワーを工夫したいと考えています。例えば、少しずつ（意図的に）シャワーの時間を延ばす→本人は顔を押さえてシャワーを浴びているので大丈夫そうだなというタイミングを見てその手を外すなど、無理のない範囲で進めていって、Bちゃんの自信につなげられたらいいなと思います。

> なるほど。こうした、小さな階段を上っていくような配慮が、Bちゃんに安心感を提供していくことでしょう。

## ③園での姿と療育現場での姿のギャップは……？

> クラスにだいぶなじんできて、Bちゃんなりに自己発揮をしながら生活をしていると感じていましたが、療育センターに見学に行ったとき、Bちゃんが入園前のようにじっとせず、何回も指導員に声を掛けられていたんです。その一方で、園ではあまり話さないBちゃんが指導員とはたくさん会話をし、自己主張する場面が多く見られました。意外な面を目の当たりにして、園と療育センターとでのギャップに驚いてしまいました。

> 療育センターで落ち着きのない行動を示したのは、何か新しいことに遭遇したり、不安を強く感じてのことかもしれませんね。その一方でよくおしゃべりをしたのは、Bちゃんなりの自信の表れかもしれませんし、不安のあまり、先手必勝の自己表出をしたのかもしれません。
> 指導員と会話をするときの表情や、その後のBちゃんの園での様子から、療育センターがBちゃんにとってどのような居場所であり、どんなふうに感じているのかを想像してみるとよいかもしれませんね。

> そういう見方もあるんですね。園でもこのことを話し合ったのですが、園生活の流れや約束は丁寧に寄り添って説明してきたので理解しているけれど、あそびや人とのかかわり方については、いつの間にかBちゃんが"集団の中のひとり"になっており、Bちゃん個人に向き合うことが不足していたのではないか、Bちゃんらしさを引き出せていなかったのではないか……と気づかされました。

1年の保育を振り返る　**年間のまとめタイプ**

Aという場所でできないことが、Bという場所でできたからといって、Aがその子にとって悪い環境でBがよい環境とは、決めつけてしまわないほうがよいでしょう。どこでどのような態度を示すかは、子どもたちの必死の判断の結果です。"しないこと"がよい判断だったりしますし、"できたこと"が実はその子にとっては心地よくないこともあるんです。

その後……

Bちゃんの実態をよく観察し、こまめに声を掛けて会話を増やすように心がけ、他の職員も同様の対応を意識しました。すると、友達同士の会話が増えたり、担任との会話が増えたりして、表情も生き生きしてきたように感じます。このような出来事も指導計画に入れていくことで、より実態に近いものになっていくのではないかと思っています。

年中クラスに進級したBちゃんは、戸惑いもなく、安心して過ごせています。きっと、前の年の経験が、Bちゃんにとって大きかったのだと思います。ただ、姿勢や動作の緩急のつけ方など、保育者が気になる新しい変化が出てきました。Bちゃんの姿を、今も模索中です。

僕は、"こまめに声を掛けて会話を増やすような"かかわりが、徐々に成立していった過程こそが重要だと思っています。不安が軽減していかないと、大人からの声掛けに安心できません。Bちゃんが入園してから、Bちゃんと保育者との間で、生き生きとした関係性がはぐくまれるようなかかわりが、たくさんあったのでしょうね。それが、Bちゃんの安心感につながっているのだと思います。今後も焦らずに、そのような寄り添いを大事にしていってください。

# 体に障がいがある子の
## 期の計画

脚の障がいがあり、
入園時から個別対応の必要性が
明らかだったC君（3歳）。
個別の指導計画を作成した経験は
ありませんでしたが、
これを機会に手探りで
作成してみました。

### C君のこと

**●年齢は？**
3歳児。3年保育の3歳児クラスに入園。

**●様子は？**
・肢体不自由児（体幹機能障がい児）。主に移動時（はいはい、つたい歩きは自分で行える）、着替え、排せつなどで介助が必要。自分で姿勢を保持する（まっすぐ座っている）のが難しい。
・介助員をつけて幼稚園生活をスタート。
・理解力や言葉の発達は大変優れており、情緒も安定している。

**●専門機関とのつながりは？**
療育センターでのリハビリのほか、作業療法と年に1回、心理の発達外来に通っている。

**●家族は？**
父、母、弟の4人家族。両親は、入園することで刺激をたくさん受けてほしいという思いで、幼稚園入園を希望。また、通園することがC君の「歩きたい」という意欲につながるようにしたいと考えていた。両親とも園の考えを理解しており、常に協力的。

体に障がいがある子の 期の計画

### 保育者の願い

- C君も他の幼児も共に学び合える、支え合える学級づくりをしたいと考えつつ、同時に"C君がいることが特別なことではない"ということも大事にしたい。
- 園と保護者とでよく連携し、実態や目指す方向などを共有して、率直に話し合うようにしたい。
- 療育機関とも連携し、リハビリの様子を見に行ったり、療育の先生が保育の様子を見にきたりするなど、積極的に交流して、具体的なアドバイスを日々の保育に生かすよう心がけたい。

### 計画のこと（→計画は次ページ掲載）

**期の計画**

スタイルは？
個別の指導計画を作成するのは今回が初めてで、どのような計画書式にするか、手探りで検討してきた。

だれが？
担任2人で作成。介助員から話を聞き、それも踏まえて作成する。

サイクルは？
学期ごとに作成。長期休業中に担任2人で振り返り、それをもとに次学期の計画を作成した。

項目は？
「生活習慣」「あそび・人とのかかわり」「体・運動機能」「集団生活」「保護者との連携」の5つの項目を立て、それぞれに「実態」「目標」「手立て」「評価」を記述している。項目を分けたものの、どれも相互に関係しており分けきれない（きちんと分けられず、結果ぐちゃぐちゃになってしまっている）という悩みも出てきた。また計画を保護者と共有し、園の考えを伝えたうえで「保護者の願い・家庭の様子」を保護者が記述。後からこれも項目として追加した。

〈計画⑪　C君の期の個別の指導計画（1～3月）〉　※（ア）～（エ）についてはP86から詳しく解説します。

| | | 生活習慣 | あそび・人とのかかわり | |
|---|---|---|---|---|
| | 重点目標 | 安心して幼稚園生活を過ごし、自分でできることをしようとする。<br>友達と一緒にあそんだり過ごしたりすることの楽しさを感じる。 | | |
| 実態 | | ・身じたくは身についてきて、保育者に体を支えられながら自分で行うが、時間がかかることが多い。<br>・食事のときはいすに滑り止めマットを敷き、できるだけ姿勢を保ちながら、自分で食べている。完食が多いが時間がかかり、その後あそぶ時間が少ないため、保護者に弁当の量を減らしてもらうようお願いした。 | ・1学期は進んで外あそびをする姿が見られたが、2学期は減った（靴の履き替えに時間がかかることや、思うように体を動かせないことを感じ始めているのではないか）。<br>・以前は友達があそんでいるのを見て、「僕もやりたい」と言ってあそんでいたが、2学期後半から、自分がしたいことをしてあそぶようになった。「こうしたい」という思いが強くなり、介助を待たず自らはって移動し、したいことを始めるなど、積極性が出てきた。<br>・好きな友達ができ、一緒にいることを楽しんでいる。また友達関係も広がり、友達が手伝ってくれると、素直に受け入れている。時には「早くしてよ～」など、自分の思いを出す姿も見られる。 | （ア） |
| 短期目標 | | ○朝の身じたくや食事の時間を短くできるよう意識し、あそぶ時間を十分にもてるようにする。 | ○外あそびも楽しめるようになる。<br>○友達と一緒にあそんだり過ごしたりする楽しさを感じる。 | |
| 指導の手立て | | ・9：40までに朝の身じたくを終わらせることを目標（担任の意識）に声を掛け、C児自身が「身じたくを終わらせてたくさんあそぼう」と感じられるようにする。<br>・身じたくに集中できるよう動線を考え、具体的なやり方を伝えていく。<br>・本児が自分でしようとしていることを認め、繰り返し褒めていく。 | ・外あそびに積極的に誘い、一緒にあそんだりあそびの楽しさを知らせたりする（おいかけっこ、砂場、泥あそびなど）。C児がどこに抵抗を感じているのかを把握し、それに沿ったかかわりをしていく。<br>・C児が好きなあそびを通し、友達とかかわれるよう環境を準備したり、一緒にあそぶ場をつくったりする（スポンジ積み木の飛行機やおうちなど）。<br>・C児自身が積極的に動けるような声掛けや環境作りを心がける。<br>・C児が保育者や友達を手伝えるような場面も積極的につくっていく。<br>・手伝ってくれた友達に「ありがとう」と言えるようにしていく。 | |
| 評価 | | ・C児の「身じたくを終わらせて早くあそびたい」という気持ちが育ち、以前より集中できるようになった。保育室に入ってきた流れでそのままじたくをするよう、「直行でしたくしちゃおう！」「したくが終わったら何してあそぼうか」と、後の楽しみを思いながらできるような声掛けを心がけた。また、「こういう順番ですると早くできるよ」など、具体的なコツを伝えるようにした。<br>・保育者が手を添えようとしたことに「僕できるよ」と言うなど、自分でしようとする気持ちも育ってきている。<br>・帰りのしたくで保育者が手伝えないときは「ひとりでしておいてね」と声を掛けると、はって移動したり、友達に手伝いを頼んだりしながらしたくをすることができた。しかし、はって移動するのを嫌がることが多い。<br>・「みんなと一緒がいい」という思いも強くなってきている。大きな成長だが、その気持ちに寄り添いながらも、「自分でできることを自分でしよう」という意識をC児自身がもてるような働きかけを、考えていく必要がある。 | ・保育者が「外であそぼう」と誘っても断り、室内であそぶことが多かったが、具体的に楽しさを知らせたことで、徐々においかけっこに参加したり、固定遊具に挑戦したりし始めた。おいかけっこでは保育者に「おんぶして」と言い、「一緒に走らない？」と声を掛けると「走るのは遅いから」と答えることが多かった。おんぶされて、背中で揺られることやドキドキ感を楽しんでいたようだ。「遅いから参加しない」ではなく、そのなかでの楽しみをC児自身が感じられた点を大事にしたい。<br>・友達に物を取ってもらったり、水を入れてもらったりしながら砂場で料理をすることを楽しむようになった。砂場では体が安定するように、砂場の角にすのこを置いて座ったり、いすとテーブルを使ってあそんだりした。築山で、チョコレート作りをするときは、保育者が後ろから体を支える必要がある。シャベルで土を掘るのは難しいが、保育者や友達が掘った土を使い、友達に水を入れてもらったり、カートにチョコ（泥）を流したりして、自分なりにあそびを楽しんだ。<br>・3学期になってごっこあそびに入るようになり、友達関係が広がった。スポンジ積み木で友達と一緒に飛行機やおうちを作ることを楽しむ姿が見られたので、積み木を部屋に置き、扱いやすいよう数を調整するなどの環境づくりを心がけた。<br>・友達がC児を手伝ってくれたときは、「Cちゃん、○○ちゃんが持ってきてくれたよ」と声を掛けたり、保育者が、手伝ってくれた幼児に「ありがとう」とお礼を言ったりすることを心がけた。そのなかで、自分からお礼の言葉が出ることもあった。<br>・C児が友達を手伝う機会もつくっていきたいと考え、困っている友達の手伝いを頼むなど、C児にお願いする場面もつくるようにした。手伝ってもらうことが多いので、C児もしてあげる経験、それができる喜びを感じられるような機会も大事にしたい。 | |
| 保護者の願い・家庭の様子 | | ○お願い<br>1）クレヨンや鉛筆でのお絵かきをできるだけさせてください。その場合、手の動きに加え、姿勢を崩さないように本人に注意していただけると助かります。具体的な動き・姿勢などに関しては必要に応じて相談させてください。<br>2）ご指摘のとおり、引き続き外あそびをするように誘導・指導していただきたいと思います。<br>3）最近家でも手伝いをするようになり、本人もかなり意欲が出てきています（弟のミルクの準備や洗濯物をたたむことなど）。引き続きお友達や先生方のお手伝いをする状況・場面をつくっていただければと思います。<br>※以上、あくまでも無理のない程度で、クラスの状況に応じて可能な範囲内で、ということでのお願いです。 | | |

体に障がいがある子の **期の計画**

| | 体・運動機能 | 集団生活 | 保護者との連携 |
|---|---|---|---|
| | ・歩行には介助（後ろからの支え）が必要。自分の体重を支えてバランスをとり、以前より少しの支えで歩けるようになってきている。<br>・はって移動できるが、歩きたがることが多い。着席時、長時間は体を支えられず、姿勢が崩れたり、いすから落ちそうになることがある。体を動かす活動は介助が必要なことが多い。<br>・指先の動きはややぎこちなく、テープを切るにも介助が必要。クレヨンや絵の具の筆は自分で握る。　　　　　（イ） | ・保育者の話を関心をもって聞き、理解も早い。<br>・2学期後半から「みんなは○○してないから」「はいはいしているお兄さんなんていないよ」などと言うことが増えた。<u>「みんなと同じようにしたい」という思いが出てきたのを感じる。（ウ）</u>C児の思いを受け止め、「みんな同じではない。それぞれみんないい」ということを、いろいろな形で（学級全体に）伝えていきたい。 | ・学期終了時、保護者と園長、介助員も交え、話し合いの機会をもっている。母親に、食事の様子を見にきてもらうなど、必要に応じて連携を図ってきた。<br>・保護者は、C児に「自分のことを自身の力でできるようになってほしい」と願っている。<br>・保護者と相談し、3学期は介助員をつけずに担任2人で見ていくことになった。 |
| | ○できるだけまっすぐな姿勢で座れるようにする。<br>○体や指先を動かす活動をたくさん行う。 | ○自分の力で動けるうれしさを感じる。<br>○集団活動や集団生活を楽しいと感じる。 | ○家庭と園で、C児について共通理解をする。 |
| | ・床に座る時間をつくり、本児にとってよりよい姿勢（あぐら）に慣れる。<br>・着席の時間が長いときは滑り止めマットを使用する。<br>・走ったり、築山に登ったりして体を動かせるよう働きかける。<br>・指先を使ってあそべるよう、小麦粉粘土や寒天粘土など保育者の援助なしであそべる素材を用意する。また、はさみ、テープ、クレヨンなどを使う製作を楽しみながらできるよう（あそびとつなげて）考えていく。 | ・集団活動で、介助の必要がない動き（はいはい、座ったままできる動き）を入れていく。<br>・必要以上に声を掛けないようにしつつ、C児が必要なときはいつでも介助するということを感じられるようにする。<br>※他児も、保育者の援助を待つ場面がある。<u>C児も待つ、自分でなんとかしようと感じる場面も必要なのではないか。（エ）</u> | ・C児の様子や成長、頑張りを、丁寧に（具体的に）伝えていく。<br>・行事ごとにC児が参加しやすい方法を一緒に考えていく。保護者からC児にとってよりよい姿勢や介助方法を聞く。<br>・課題ばかりに目を向けるのではなく、成長を一緒に喜び、楽しさを共有していく。 |
| | ・床に座る機会を増やし、「あぐらで座ろう」と声を掛けた。作業療法士からのアドバイスで、あぐらで座るときに保育者が後ろから腰を支えるように膝で挟んで座るとより安定する。<br>・着席時間が長いときは、滑り止めマットを使用。3学期後半、ひじ掛け付きのいすを購入した。最初は「使わない」と言っていたが、その後嫌がらなくなった。"C児のいす"だとみんなが意識し、座ってみたい幼児は「座らせて」とC児に聞いていた。ひじ掛けを支えにして弁当を食べたり、疲れてくると手すりに寄りかかったりして安定した。<br>・保育者に支えられて築山や太鼓橋に登るようになった。ボールあそびも（後ろから保育者が支えながら投げる）行った。ボールを持つ指先に力が入り、丸めてしまいがちだったので、手全体で持つよう声掛けをした。散歩は、装具をつけて行った。姿勢は安定するが疲れるのも早かったので、リハビリの先生と相談したい。友達と手をつないで歩く時間と、保育者が抱っこしたり、支えたりしながら進む時間と両方つくった。自分で歩く経験と、みんなで歩くからこそできる経験とどちらも大事にしたい。<br>・C児が楽しんでいたスポンジ積み木のロケット用に、ボタンをイメージした紙を用意し、クレヨンで塗れるようにしたり、寒天粘土を出したりし、C児が楽しんで指先を使えるあそびを提案したが、一過性のあそびになってしまった。今後は、継続して楽しめるようなものを準備したい。 | ・表現活動で、はう、背中をつけて後ろへ進むなど、ひとりで動ける動きを取り入れた。<br>・C児が自分でできる活動は、声を掛けず、危険のないよう見守るようにした。<br>・3学期半ばから、あそびたい場所までは一緒に行くが、そこから保育者は違うあそびに入るなど、C児が友達とのあそびを楽しめるよう配慮した。また「あそこまで、行けそう？」と聞き、C児が自分であそびの場に入ることを促すなど、"自分で動く"ことを意識した。<br>・（介助がなくても）自分の思いで動いたりあそんだりすることが増え、友達とのかかわりも深まったように思う。保育者から離れた場所であそんでいるときは様子を見に行ったり、片付けでC児が戸惑っているときは手伝いを頼んだりし、C児がひとりで困ることのないようにしたいと考えていた。「困ったら呼んでね」と伝えたことで、C児自身が大声で保育者を呼んだり、「Cちゃんが呼んでる」と他の幼児が呼びにきたりするようになった。<br>・「みんなと同じがいい」という思いが強くなっているので、C児とやりとりし、学級全体のこととしてとらえながら、一緒に考えていきたい。 | ・3学期は、作業療法士に見てもらう機会があり、保護者にも声を掛けた。その際、食事や製作時のいすの座り方について話があり（姿勢を保ちにくい）、それをきっかけにひじ掛けいすを購入することになった。<br>・学期に1回の話し合いの際、個別の指導計画を保護者に見せ、保護者の願いや家庭での様子を記入してもらった。今後、4歳児クラスが始まったらリハビリの先生にも来園してもらい、アドバイスをもらうことになっている。保護者と連携をとりながら進めていく態勢ができてきたので、今後も保護者の希望を積極的に聞き取り、リハビリの先生のアドバイスを生かして、C児にとってよりよい形を保護者と一緒に考えていきたい。 |

○家での様子
- よい兄です。弟をかわいがり、本人なりに愛情を注いでいます。
- 以前に比べて反抗的になっています。（口答えなど）。
- 相変わらずおしゃべりです。ごく最近ですが、ひらがなをほぼマスターしたようです（読むほうですが）。
- 自分の身の回りのことを積極的にやるようになりました。（着替え、外出後の手洗いとうがい、朝晩の歯磨きなど）。

○3学期は、定刻どおりの通園を心がける、という決意を新たにします。

# 誌上プチカンファレンス

実践者と監修の田中康雄先生とで、「子どもの思いにどう向き合うか」「評価の仕方」「計画作成時の視点の偏りをどう回避するか」について意見交換しました。

※前ページの計画と照らし合わせてご覧ください。

### 計画を作ってみての感想

　個別の指導計画を作成したことによる一番の変化は、"C君が園生活を過ごしやすいように"という視点に、"C君の次の一歩（課題）"や"C君と他の幼児との関係"という視点がプラスされたことです。"学級の一員としてのC君"という意識が、自分のなかでより高まったように感じます。
　一方で、計画を書いているうちに視点に偏りがでてしまうこと、方向性が間違っていないかという不安、個別の指導計画に自分自身がとらわれ、子どもを苦しくさせてしまっていないかなどの悩みも出てきました。**(オ)**

### 全体の感想

　初めて作成した個別の指導計画ということですが、とてもよくできていると思います。お疲れさまでした。
　「個別の指導計画」というと、つい発達障がいのある子どもを対象としたものと思ってしまう傾向がありますよね。しかし、保育者のなかには、すべての子どもの個々の指導計画があるはずです。ただ、時にその計画を多くの関係者や保護者と一緒に、丁寧に細かく確認する必要があるとき、個別の指導計画が表面化するのだろうと思います。今回は、体に障がいがあるC君が豊かな園生活を営めるように、指導計画を共有することになったのですね。

### C君について想像すること

　計画内の**(ア)**の欄に書かれたC君の姿が、重要なポイントだと感じました。

①1学期は進んで外であそんでいたが、2学期は減った（思うように体を動かせないことを感じ始めているのではないか）。
②以前は友達があそんでいるのを見て、「僕もやりたい」と言ってあそんでいたが、2学期後半から、自分がしたいことをしてあそぶようになった。「こうしたい」「これがしたい」という思いが強くなり、介助を待たず自らはって移動し、したいことを始めるなど、積極性が出てきた。
③好きな友達ができ、一緒にいることを楽しんでいる。友達が手伝ってくれると、素直に受け入れている。

　①は他人と比べての思いや悔しさ？　②は自分の身の丈のなかでの自主性？　③はそれでも友達と一緒にあそべる喜び　などと想像しました。人とのこのようなかかわりや現実を通して、C君は"自分ができること・できないこと"と向き合っていけるようになるのでしょうね。

体に障がいがある子の **期の計画**

## ①C君が直面する現実に、保育者はどう向き合うか

計画の**(イ)**の欄に、「歩行や体を動かす活動には介助が必要」「はって移動できるが、歩きたがることが多い〜」などの描写がありましたが、これらはある意味、C君が自分の身の丈を知る瞬間ですね。"現実をありのまま受け入れる"ということに、僕たち大人はどのような思いで向き合っているのでしょうか……。

実はこのときわたしは、C君がありのまま受け入れる、そのこととどう向き合い、どう支えていったらよいかというところまで、思いが至っていませんでした。「C君がみんなと一緒に楽しく生活していくにはどうしたらいいだろう？」「C君ができるだけ前向きにいろいろなことに取り組んでいくためには、どんなことが考えられるだろう……」ということを、一生懸命考えていたように思います。

わたしも同じです。いろいろなことを前向きにとらえようとするC君の姿勢に、助けられていた面が大きかったように思います。

改めて計画を見直して、「みんなと同じようにしたい」という思いが強くなっていたC君の気持ち**(ウ)**に、どれだけ真摯に向き合っていただろうか……と気づかされました。そんなC君の言葉を、"成長"という方向からとらえていた面が大きかったかもしれません。

わたしのなかで、「みんな同じじゃなくていいんだよ。それぞれが、それぞれでいいんだよ」という思いが常に真ん中にあって、「一緒に頑張っていこうね」という気持ちではいましたが、もっともっとC君の気持ちに寄り添っていくことが必要だったのかもしれません。

「みんなと同じようにしたい」――重い言葉ですね。"みんなと一緒に生活する"ことは可能だけれど、"みんなと同じ力を手に入れたい"というのは無理なこと。かなうこと、かなわないことに早々に直面しなければならないことを、大人である僕たちがどう応援できるかでしょう。

## ②C君の頑張りを丁寧にとらえる

「集団生活」の「指導の手立て」にある、"他児と同様にC君も自分でなんとかしようと感じる場面も必要ではないか"という視点（エ）に同感です。そのためには、日々のC君の頑張りがどのように評価されるかがポイントですね。

そうですね。C君の頑張り、一つひとつを認めていきたいと考えてはいましたが、逆にC君の頑張りに甘えてしまっていたこともあったような気がします……。

よく担任同士で、「当たり前のことを当たり前と思わず、認めていこうね」と話し、心がけていました。

日々すべてに頑張っているときも、徐々にそれが当たり前のように思ってしまう。そして当たり前のことは、つい軽く流されてしまう……。では、「よく頑張っているね」と言うことが大切なのかというと、それも難しいですね。
C君は、「みんなと同じでいたい」と願っています。そんなC君への「頑張っているね」という言葉は、時にねぎらいであり、時にお世辞のようなニュアンスにもなります。時には、あわれみのようにも聞こえるかもしれません。
日々のC君の頑張りを認めることができる人は、C君の悔しさも知っている人です。

## ③視点の偏りを回避するには……

計画を作成した保育者さんの感想に、「計画の視点の偏りや、方向性が間違っていないかという不安、計画にとらわれすぎて、子どもを苦しくさせてしまっていないか」という悩みが綴られており（P86 オ）、とてもよい気づきだと思いました。
これを防ぐには、複数の視点での評価や検討が必要になります。ただ、園内での共有だけだと、その園の風土や個性といったもち味が出てしまいがちです。外部の人と一緒に検討することで、多面的な気づきが得られることもあるでしょう。

作成したものを園内で共通理解はしていましたが、それだけでなく「こんな見方ができるのではないか」「こういうかかわりができるとよいのではないか」という話し合いを重ねていくことが大切だと感じています。わたしの勤めている園は風通しがよく、職員間の協力体制ができているので、"いろいろな視点で見ていく""みんなで考えていく"ということを実践していきたいと思います。
まずは、"子ども理解"というテーマで行う園内研究や、学期ごとの評価・反省のなかで話し合う時間をもちたいと考えています。そのほかにも、職員会議の際に「今、こんな様子です、先生たちも一緒に見てください」というところまで話ができるといいな、と考えています。

外部の方からのアドバイスとしては、区から派遣される特別支援アドバイザーの先生のお話が、とてもありがたいです。
あるとき、発達がゆっくりめの子どもの個別の指導計画について、ほかの子が支えになり「担任のことも助けてくれる」という表現をしたとき、「そんなにも好きな子に出会えたことが、一番すばらしいことよね」と言われたのが、とても印象的でした。
今後、関係機関とも個別の指導計画を共有していきたいと、今回改めて思いました。

体に障がいがある子の 期の計画

### その後……

　入園のときは"園生活にどのように慣れていくか"が一番大きな課題でしたが、1年かけてC君なりに園生活に自信をもつことができたのは、わたしたちにとっても、とてもうれしい成長でした。
　4歳児クラスに進級するにあたっては、C君の受け身な部分が、変わっていくといいなという思いはありました。また友達関係の広がりやさまざまなかかわりについて、課題意識はありました（C君だけでなく4歳児みんなの課題でもありますが）。進級時は、もうひとりの担任がもち上がりで引き続きC君を担任したので、次につなぎやすかったです。

　わたしは4歳児クラスでもC君を担任したのですが、この計画の評価を踏まえ、1学期の初めに新たな環境の中で見えてきたことを実態としてまとめ直し、4歳児の個別の指導計画を作成しました。担任がわたしひとりになって介助がついたため、介助の先生と2人で連携をとって一緒に計画を作成していきました。
　いろいろなことに前向きに取り組むC君の姿勢は、卒園まで変わりませんでした。ただ、描画活動や年長の運動会でのリレーで、C君が"できること、できないこと"や"他児と比べてうまくいかない"という気持ちを感じている場面はあったので、その際は、C君と一つひとつ「どうしようか」と相談してきました。C君は、自分の思いや考えをきちんと言葉にできる子どもだったので、わたしも率直に思いを伝え、一緒に考えていくことを大事にしてきました。

「リレーはどうする？」
「歩行器で走りたいな」

　C君の卒園後、保護者と個別の指導計画について話をする機会があり、「家庭とはまったく違う視点で考えてもらえて、親としても学びになった」と言われ、感謝の気持ちでいっぱいになりました。実際は、家庭と連携をとるのが難しいケースのほうが多いと思われますが、"園で見えていること"と"家庭だからこその視点"が合わさることで、より子どもにとって大切なことが見えてくるのではないかと改めて感じました。

　それは、保育者のやりがいにつながるコメントですね！　それこそが、"協働"です。就学や友人関係について、本人や家族が抱える心配事に寄り添い、C君の成長や頑張りを細やかに伝えてきた結果、家族の信頼を得られたのでしょうね。
　この実践から、集団活動の中での支え合いや学び合いの力が再確認できました。ありがとうございます。

## 深く掘り下げる
### エピソード記述

緊張が強く、育ちがゆっくりなD君（3歳）。
D君のことをもっと理解したい、
かかわりかたを客観的に見直したいという思いから、
独自の方法でエピソード記述に挑戦しました。

## 深く掘り下げる エピソード記述

### D君のこと

**●年齢は？**
3歳児。3年保育の3歳児クラスに入園。

**●様子は？**
・入園時から緊張がとても強く、こわばった表情で過ごす。保育者が個別にかかわっても反応がほとんどなく、その場から動き出せないことが多い。
・集団あそびに参加を促すと、体をのけぞらせて強く嫌がる。
・友達から嫌なことをされても、取り繕うような作り笑顔のままでいることが多い。

**●専門機関とのつながりは？**
保護者がD君の過度な緊張状態について心配して専門機関に相談したところ、しばらく様子を見ましょうと言われたとのこと。診断は受けていない。

**●家族は？**
父・母の3人家族。保護者は、D君が園生活になじめずにいる姿に戸惑い、不安に感じているため、集団活動の様子を見てもらう機会を設けたり、様子をこまめに伝えたりして、園と家庭の関係づくりに努めている。

### 保育者の願い

- D君が楽しめるあそびや安心できる場所を、自分で見つけていってほしい。
- 少しずつ、自分の思いを表現できるようになっていってほしい。
- 友達とかかわったり、一緒にあそんだりすることを徐々に楽しめるよう、保育者が仲介してつなげていきたい。

### 記述のこと（→エピソード記述は次ページ掲載）

**スタイルは？** エピソード記述

様子の気になる子の育ちをとらえ、保育者のかかわりをじっくりと考察するために、エピソード記述に挑戦してみた。
今回は試験的に、間をおいて2回考察を行ったのが特徴。これらのエピソードを持ち寄り、職員会議などで話し合いも行っている。

**だれが？** 担任保育者が記述・考察。

**流れは？**
① 気になる子どものエピソード（エピソードにつながる子どもの姿も「背景」として記述）を書く。
② 「第一次考察」として、エピソード記述時に考察をし、記述する。
③ 約3か月後に同じエピソードを見返しながらリライトする作業を行い、その結果引き出された考察を「第二次考察」としてまとめる。

〈計画⑫　D君のエピソード記述〉　※（ア）〜（コ）についてはP96から詳しく解説します。

| 第Ⅰ期（4〜6月） | 新しい環境、よく知らない人の中で、自分の思いを出せずにいた時期 |
|---|---|
| 背　景 | ※エピソードにつながるD君の姿 |

　エピソードの前日、D君は遅めに登園した。他児はいすに座ってはさみを使ってあそんでいた。D君もそれをしないといけないと感じたようだが、どこにも座れずに、子どもたちの後ろをブラブラと目的もなさそうに動いていた。その姿を確認したわたしが「D君、座ってやろうよ」と少し離れたところから声を掛けると、D君は「どこに座るん？」と聞いてくる。「空いてるところ、どこでもいいんよ」と答えるが、D君はそれでも突っ立ったままである。そして再び「どこに座るん？」とわたしに聞いてきて、結局わたしがD君の座る場所を決めた。**(ア)** 意思表示を極端に嫌がるD君に対して、わたしは意地でも本人に決めさせたかったのだが、D君はどうしても自分では決めなかった。わたしは、「それほど、D君は自分で決断することに抵抗感があるのか」とあきれると同時に、いらついていた。**(イ)**

| エピソード記述 | 「5／9　先生と一緒に初めての色水あそび」 |
|---|---|

　今日はすんなりとあそびに入れるように、D君だけでなくM君にも「一緒に色水あそびをしよう」と声を掛けた。M君は前日までの経験もあってすぐに作り始めたが、D君は動き出せずに止まっている。そこで、「まずコップを持ってきて」と手順を言い、一つひとつの動作を一緒に行った。わたしは内心「ここまで一つひとつの動作を教えなくても……」と思っていたが、D君が動き出せることを最優先に考え、粘り強くかかわった。
　色水ができたときにパッと色が変わったことがうれしかったようで、少しD君の表情がゆるみ笑顔になった。それまでD君が義務的に動いているように感じられていたので、わたしもうれしくなり、「こうやったら、自分だけのジュースになるよ」と、ろうとを使って色水をペットボトルに注ぐ方法を教え、一緒に行った。D君は興味深そうに、ペットボトルの中に色水が入っていく様子を見ていた。
　ひと通りの動きを一緒にした後、「また作ろうよ。これ、いっぱいにしよう」とペットボトルを満タンにするように促すと **(ウ)**、一つひとつの動きを確かめながら、ひとりでジュースを作った。その後、D君は片付けまで色水あそびを続けた。

| 第一次考察 | ※エピソード記述時（5月）の振り返り |
|---|---|

　座る席を決められない姿にも表れているように、D君には依然として「自分で決断する」ことに対する強い抵抗感があり、なんらかの承認や後押しがないと、自分で決めることが難しい。そのことを踏まえると、楽しんだように見える色水あそびのエピソードも、実は依存的な姿を示しているのではないだろうか。あそんでいる姿は楽しそうだったし、実際楽しんでいたと思うが、それはわたしの指示を受けてのことだったのかもしれない。
　D君は、何をすればいいかわかっていることは、比較的すんなりと行うことができるため、やり方や手順を説明し、次から自分でできるように援助した。今回はこのような形で新しいあそびにふれ、楽しむことができてよかったと思っている。しかし、D君自身が何かを決断したり、人に対して何かを表現したりすることはまだないので、今後ずっと援助し支えていく必要があると改めて感じた。**(エ)**

| 第二次考察 | ※エピソード記述時から3か月後（8月）の振り返り |
|---|---|

　第一次考察から、わたしのこの当時のD君に対する心情が見えてくる。わたしは、このエピソードでのD君の姿を、肯定的にはとらえていなかった。このエピソードのタイトルも、最初は【言われたことならなんでもできるよ】と名付けていた。つまり、わたしの言うとおりにあそぶことはできるが、それは依存的で自己決定のできない姿だととらえていたのだ。それは、この時期のD君とわたしの関係を示しているとも言える。さまざまな場面で自己決断をせずに固まるD君に、わたしは正直手を焼いており、この日も長い時間を割かれたという否定的な思いを引きずっていた。**(オ)** D君の一瞬の笑顔で私が癒されているように、D君からのフィードバックが少しでもあれば、わたし自身も余裕をもって見守ることができたのだろうが、この当時はなんとかしようと必死だった。
　しかし、時間をおいて見返してみると、D君のあそびの世界が広がったエピソードとして読めてきた。わたしの心のなかがどうであれ、今までは新しいことには抵抗が強かったD君が、保育者とじっくりとかかわるなかで、新たなあそびの世界に足を踏み入れ、楽しさを感じる経験になったのだろう。この日の経験は結果として、D君が「水」という素材とかかわっていく第一歩になったと思われる。**(カ)**

**深く掘り下げる　エピソード記述**

| 第Ⅱ期（7～10月） | 自分のしたいことに少しずつ力を向けるようになり、友達と主に動作でかかわっていた時期 |
|---|---|
| 背　景 | ※エピソードにつながるD君の姿 |

　第Ⅰ期、D君はなかなかあそびに入れず、保育者を頼る姿が多かったが、6月中旬ころから、特にわたしのかかわりを必要とせずに、固まることなく水あそびや虫捕りに入っていくようになった。この日は保育室にカブトムシがおり、D君はわたしや友達数人とカブトムシを見たり触ったりしていた。

| エピソード記述 | 「7／1　でんぐり返りで友達とつながる」 |
|---|---|

　カブトムシの観察が一息つき、わたしは「外であそぼうか」と投げかけ、みんなは動き出した。するとD君は突然床の上で前転をし、回転後に後頭部を押さえて「いってー」（キ）と言った。わたしは突然の行動の意味がわからずあっけにとられたが、D君が自ら行動を起こしたことがうれしく、「うわ、D君、そんなことできるんだ」と、驚いたように言った。D君は張り切って再び前転し、はにかみながら「いってー」と言った。ほかの子は興味のない様子で外に出ていったが、D君は3回同じことを繰り返した。

　するとそこにいたG君がD君のまねをして前転し、D君の顔を見て「いってー」と言った。D君ははじけた笑顔になり、G君を誘うように前転をし、G君もそれに続いて前転をした。そして「いってー」と言いながら笑い合った。次にD君は「いってー」とおどけた声を出しながら走り、G君もそれに続いた。次第に2人の声も動作も大きくなり、「ラーラッ！　ラーラッ！」というリズムに乗って、床の上を滑ったり、机の下をくぐったりし始めた。2人の間には、オノマトペの繰り返し以外の発語はなく（ク）、言葉の響きと追いかけっこを楽しんでいる様子だった。

　ひとしきりあそんだ後、G君は外の水あそびに気づき、D君には何も言わずに外に出て行った。D君は残念そうにG君の後ろ姿を見ていたが、何も語りかけなかった。

| 第一次考察 | ※エピソード記述時（7月）の振り返り |
|---|---|

　このエピソードには、D君が友達と一緒にあそび始める際のかかわり方が表れている。D君の最初の前転に、あそびに誘う目的があったのかどうかはわからないが、周りの友達になんらかのアピールをしたかったのだろう。言葉を用いずに誘いをかけて、だれかが乗ってきたときに、そのまま一緒のあそびに入っていったのではないか。逆に言えば、まだ言葉で表現する自信はないのだろう。友達とかかわることに抵抗を感じているであろうD君にとっては、今回のような形でのかかわり方がやりやすいようだ。ただ、このような誘い方では直接相手に訴えかけられないので、相手の反応に左右されたり、だれも彼の思いに気づけない可能性もある。またエピソードで2人の関係が突然終わってしまったように、言葉でつながないと、相手の気分次第ですぐに終わってしまうような"もろい関係"しか築けないだろう。今後、言語による関係づくりを支えていく必要も出てくるだろう。

| 第二次考察 | ※エピソード記述時から3か月後（10月）の振り返り |
|---|---|

　第一次考察で、わたしはなぜD君の行為を"もろい関係づくり"ととらえたのだろうか。わたしはこのとき、D君の姿にもろさや弱さを感じながら見ていたことを思い出した。そこには、「D君はまだ言葉で表現できていない」という否定的なとらえができ上がっていたことに気づかされる。そのため、第一次考察では「言語でのかかわりがもてるように」という考察を行い、実際その後、"早く話せるようになる"ための援助を行った。

　しかし、改めてこのエピソードを見直して、今までほとんど自分から表現しなかったD君が、いきなり前転をする行動力を見せるなど、自分なりの形で力強く思いを表現していることが感じられた。また同時に、友達と一緒にいたいという思いも育っており、同調する楽しさを満喫している。

　わたしはこのような非言語のかかわりを、その当時は幼いととらえていた。しかし、時間をおいてエピソードを見直すことで、D君の育ちを実感し、安心してD君を見守っていこうという気持ちになった。D君にとっては、友達と言語でかかわるスキルを身につけることより、今の姿を保育者に肯定的に受け止められ、安心した関係のなかで7月に"幼い"ととらえていたあそびを繰り返すことが大事なのだと気づいた。

| 第Ⅲ期（11月～） | 安心できる友達や保育者との関係をベースにしながら、自分を発揮する面を広げている時期 |
|---|---|
| 背　景 | ※エピソードにつながるD君の姿 |

　先月から、D君はM君とよく一緒にあそんでいた。2人は忍者のイメージで、スクーターで園内を走り回りながら秘密基地を作り、そこを拠点にしていた。D君はやはり、朝のあそび始めに友達に話しかけるのは難しいようで、この日もM君に対してはっきりと言葉であそびに誘うことはなかった。わたしがあそび始めを少し援助すると、M君と忍者ごっこの世界に笑顔で入っていった。しばらく経って外に出ると、D君とM君は、いつもの基地にいた。わたしもそこに行って料理を食べたり、D君が忍者修行と呼ぶ滑り落ちそうな土の斜面を一緒に歩いたりした。わたしは赤い実を見つけ、「これは、命をよみがえらせる薬ね。もし僕がやられたら、D君、助けに来てね」とお願いし、その実を基地に置いた。というのもわたしはこのころ、Y君を中心とした男児グループとよく戦いごっこをしており、その実をきっかけに、D君とその子どもたちとのやりとりが生まれるかもしれないと思ったのだ。

| エピソード記述 | 「12／18　他児との戦いごっこに挑む」 |
|---|---|

　室内で廃材で武器を作っていたY君たち5人は、わたしを見つけると「かいじゅうがいたぞ！」と言って追いかけてきた。わたしはD君たちのところに逃げて、そこで料理を食べて元気を出したり、逃げたりしていた。D君とM君は戦いごっこが気になるらしく、わたしを追いかけてきた。
　とうとうわたしはY君たちに捕まり、血を抜かれることになった。そのとき近くにD君が来ていたので「Dくーん、頼む、薬を（取ってきて）」と叫んだ。D君は、無言だが「任せて」と言わんばかりに走って薬を取りに行った。そして戦いごっこを繰り広げているY君たちをかいくぐってわたしに薬を届け、飲ませてくれた。わたしは、「よーし、元気百倍。D君、一緒に戦おう」と誘うと、D君はうれしそうに他児との戦いごっこに向かっていった。そこには、勇者になりきって戦いのイメージを楽しむD君の姿があった。

| 第一次考察 | ※エピソード記述時（12月）の振り返り |
|---|---|

　D君の地が出てきたことを感じさせるエピソードである**（ケ）**。D君は、M君との安心できる関係や、保育者とのあそびのなかで仲間になる関係を通して、自分の思いを表に出すことが増えてきている。今でもD君は周りに人が多いと、自分を積極的に表に出さないことが多いが、最近のD君の姿や、わたしとD君の関係から、そのような姿も余裕をもってとらえることができるようになった。そのことで、D君も安心してあそびを楽しむことができているのだろう。
　D君は今でも自分から積極的にわたしにかかわってくることは少ないが、一緒にあそぶことが次のあそびにつながったりすることで、D君が楽しいと感じていることがわかる。D君にとっておそらく保育者は大事な存在で、自分から求めていきにくいD君だからこそ、保育者のとる行動の意味は大きいと言える。親しみを向け合う関係が築けたことで、わたしもD君とのかかわりを楽しみ、肯定的にとらえられるようになったと感じている。

| 第二次考察 | ※エピソード記述時から3か月後（3月）の振り返り |
|---|---|

　改めてエピソードを読み返しても、D君とわたしが互いにつながろうとしていることがわかる**（コ）**。入園当初から、わたしにとってD君は"なかなか動き出すことができない気になる子"だった。だから、なんとかD君が自分から動き出せるように、表現できるように、ということをずっと考えて保育をしてきた。
　その転機となったのが、"第二次考察"の作業だ。第Ⅱ期と第Ⅲ期の間で、わたしはエピソードを読み返し、再考察を行った。そして、わたしがD君に"させる"保育を多く行ってきたこと、そのことでD君はますます固まってしまったのではないか、ということを感じたのだ。そのようなこともあり、わたしはD君の今を否定して引っ張るのではなく、今のままを肯定し受け止めていこうとする覚悟のようなものがもてた。そうなると不思議なもので、D君と一緒に過ごすのが楽しくなってきた。そんなわたしの態度の変化を感じたD君も、わたしと一緒にいることを喜び、気持ちを素直に向けるようになったのである。
　保育において大事なことは、能力をつけたり何かをできるようにすることでなく、まずはその子のありのままを肯定的に受け止めること。そこから、子どもは自ら伸びていく力を発揮していくのだということを、D君は教えてくれた。

深く掘り下げる　**エピソード記述**

# 誌上プチカンファレンス

実践者と監修の田中康雄先生とで、Ⅰ～Ⅲ期のエピソード記述について、期ごとに意見交換しました。

※P92～のエピソード記述と照らし合わせてご覧ください。

### エピソード記述を書いてみての感想

時間をおいて2回考察することで、D君の成長の軌跡を長い目でとらえることができました。また、同じ出来事でも、1回目と2回目の考察では違う視点が出てくるなど、子どもの成長が見えるだけでなく、担任であるわたし自身が、多くの気づきを得られた記録となったように思います。

### 全体の感想

期間を空けてひとつのエピソードを丁寧に考察し直すという取り組みは、とてもいいですね。第一次考察では気がつかなかったことが、第二次考察で見事に引き出されています。比較して見てみましょう。

第Ⅱ期より
〈第一次考察〉・言葉でつながないと、相手の気分次第ですぐに終わってしまうような"もろい関係"しか（D君は）築けないだろう。
〈第二次考察〉・第一次考察で、わたしはなぜD君の行為を"もろい関係づくり"ととらえたのだろうか。
・「D君はまだ言葉で表現できていない」という否定的なとらえができ上がっていたことに気づかされる。
・わたしはこのような非言語のかかわりを、その当時は幼いととらえていた。

時間を経てからのほうが客観的に検討できるということが、よくわかります。ここで、保育者がD君のもろさへの思いを自覚することができたのは、すばらしいですね。このD君のもろさへのいとおしさ、それがエピソードに表れていたからこそ、読んでいて感動したのだと思いました。

また、まだ第Ⅰ期の第二次考察が活用されていなかった第Ⅰ、Ⅱ期の第一次考察は、課題抽出的で、問題指摘型となっています。一方、第Ⅲ期の第一次考察では第Ⅰ、Ⅱ期の第二次考察が反映されていると考えられ、肯定的なまなざしが表出されています。そして保育者は、自分が"させる保育"を行っていたことに気づくことができました。

このエピソード記述は、D君というよりも、保育者の成長の歩みを記述したものになったのではないかと感じました。その意味では、「指導計画」というよりも、「D君をいかに理解していくかという難しさの局面を生々しく記載した事例」と言えますね。

D君とのかかわりを自ら記述することで、保育者の内面や正直な思いを吐露することになっています。その正直さと勇気、誠実さに、敬意を表したいと思います。

### D君について想像すること

この子の不安感や緊張感、おびえ、もろさ……といった部分が大人に丁寧に見守られながら、そのなかで、少しずつ外の世界の楽しさを感じてほしいですね。しばらくは、D君に無理強いはせずに、距離を置きながらかかわりのチャンスをうかがいたいところです。また、その間にできるだけ保護者と連絡をとり合い、小さな変化を共有していけるといいですね。

# ①第Ⅰ期について

【背景】・【エピソード記述】

> 僕は、「結局わたしがD君の座る場所を決めた」という場面 **(ア)** で、「わたしは、"それほど、D君は自分で決断することに抵抗感があるのか"とあきれると同時に、いらついていた」**(イ)** という保育者の感情の吐露に注目しました。ここまで正直に自己分析している姿に感心したからです。
> そのうえで、エピソード記述は「今日はすんなりと」という安堵感から記述され、「ここまで一つひとつの動作を教えなくても」という思いがつい吐露されています。そのじりじりした思いは、"義務的に動いているようにも感じられていた"D君の笑顔で解消されました。
> 結局保育者の思いは、"一緒に"感じ、"一緒に"あそび、"一緒に"過ごすことにあると、この記述から読み取れますね。そして、「ペットボトルを色水で満タンにするように促す」**(ウ)** という誘いに違和感を抱かなくなっている保育者の姿が登場します。このような自分の関心、保育観、対人距離のもちかたを自覚することが、大切なのですね。

> 本当ですね！ 最後に、D君に素直に誘いかけている自分の変化に気づいていませんでした。負の感情に対してはあれほど敏感に感じ、記述していたのに、いつの間にか自分の心が寄り添えていたことは、自覚していなかったです。
> 日常の保育のなかでも、このように"子どもの姿から無意識のうちに導き出されている援助"が、たくさんあるのでしょうね。そう考えると、心が少し楽になるような気がします。

【第一次考察】・【第二次考察】

> 第一次考察では、D君の"自分で決断できない""依存的"な姿が繰り返されています。保育者の心がどうしてそこに引き寄せられるかが、僕の疑問でした。そしてそれは、「D君自身が何かを決断したり、人に対して何かを表現したりすることはまだないので、今後ずっと援助し支えていく必要がある」**(エ)** という、重くしんどい結論を生んでしまいます。
> 第二次考察で保育者は「この時期のD君とわたしの関係を示している」と記述し、「長い時間を割かれたという否定的な思い」を告白しています **(オ)**。「この日の経験は結果として、D君が"水"という素材とかかわっていく第一歩になった」**(カ)** とありますが、それ以上に、"一緒に何かを行うことで、保育者はD君とのかかわりの取っ手に手を伸ばすことができた"ということが、印象深く伝わってきたように感じました。いかがでしょうか？

> まさにそうだと思います。「"水"への第一歩」という記述は、まだわたしとD君の関係性の変化（もしくは兆し）に対する自信や確信がなく、考察の対象を"物"の方へ向けていたのだと思います。この第二次考察からさらに時間をおいた今、実際には田中先生のおっしゃる意味が大きかったと思います。子どもと関係を築くうえで、やっぱり"一緒に"何かをすることが大事なのだと、改めて学ぶことができました。

## ②第Ⅱ期について

【背景】・【エピソード記述】

> 4月からしばらく苦しんでいたD君が、6月ごろから徐々に殻から顔を出し始め、この7月のエピソードにつながりました。
> D君はどうも、もぞもぞと動くカブトムシに興味をもち、体を動かしたくなったのかなぁと思いました。そして思わず前転したところ、本人もおそらく「回転後にこれほど痛むとは！」という発見があったのでしょう。この「いってー」(キ)は、その後、周囲（当初は保育者とその後G君）に向けた共振のような言葉になりましたね。
> わたしはなによりも、このときに反応したG君が大好きになりました。G君が、保育者が思っているような"生きづらさ"をD君に感じていたかどうかも不明なほど、旧知の仲のようなあそびが展開されました。この場面は、非常に生き生きとしていますね。
> そこで展開された不思議な言葉のやりとりは、D君が初めて他者と共有したあそびの空間だったのではないでしょうか。その後のG君の素っ気なさもいいなぁと思います。おそらく、こうした短い重なり合いの繰り返しが、D君にとって大切な経験になるのでしょうね。

> そうなんですよね。今読み返してみると、D君の力強さや、G君との関係のおもしろさ、心が動いている様子が感じられます。心を通わせてあそぶひとときですね。

【第一次考察】・【第二次考察】

> わたしは、このエピソードでD君がG君と初めて言葉でつながった瞬間を大切にしたいと思いました。「2人の間には、オノマトペの繰り返し以外の発語はなく」(ク)とありますが、2人が十分にこの擬声語を言葉として楽しんでいる様子が描かれています。「すごいぞ！2人！」と、思わず手を振りそうになったエピソードです。
> ここには、保育者のD君の育ちに対する深い思いがあるのでしょうね。その新鮮な感動が、もっと率直に綴られていてもいいくらいかもしれません。子どもの心配な部分を予測し、「そこをこれから伸ばしていこう」となると、せっかくの感動が少し色あせてしまいます。「どうしてこのエピソードを書こうとしたのか」を自問自答し、さらに客観的な視点も交えて、自分の保育を振り返ることにつなげられるといいですね。

> これは本当にとても印象深い場面でした。今のわたしが見たら、「すごいぞ！」と、もろ手を挙げて喜んでいるに違いありません。
> しかしこのときのわたしは、「せっかくつながりかけたのに、そのままになっちゃうの？」というふうに、"できなかった"負の方向でとらえていました。どうしてかな？と思うのですが、保育の渦中にいる保育者は、それほど"自分のとらえに縛られやすい"、"素直に子どもをとらえることが時として難しい"……そんな存在なのかもしれないとも思います。だからこそ、田中先生のように第三者の方からの視点で、ふっと見方を楽にしてくださるような言葉がありがたいのでしょうね。

> 実際僕も、その場にいたら、冷静な反応しかできなかったかもしれません。かかわりの渦中にいるなかで、自分の心を開放すること、そしてそれに自覚的でいること——これは、僕にとっても大きな課題です。

## ③第Ⅲ期について

【背景】・【エピソード記述】

> これも、とても感動するエピソードですね。保育者が第Ⅰ、Ⅱ期を踏まえてD君に近づくことができ、一緒にあそべた瞬間です。
> それまでの「先へ進ませたい」「変化を見つけたい」という保育者の思いが垣間見えた取り組みから、単純に"やりとり"や"かかわり"に重きを置いたせいかもしれませんね。
> D君から元気をもらう保育者の姿は、実はこれまでのD君とのかかわりから得た"本当のありよう"だったのではないかと思いました。

> まさに、その通りです。今までのやりとりを経て、D君とわたしが築いてきた関係を表す、その象徴のようなエピソードと出合うことができました。

【第一次考察】・【第二次考察】

> 保育者の気づきにあるように、「D君の地が出てきたことを感じさせる」エピソード**(ケ)**であり、「D君とわたしが、互いにつながろうとしていることがわかる」**(コ)**エピソードですね。まさに、"D君に「させる」保育"から"一緒にいることを喜び合う保育"に変わった瞬間です。
> 保育者は、このエピソード記述で自分自身の姿をありのままにさらけ出したことで、この第Ⅲ期にたどり着いたのだと思いました。「個別の指導計画」というよりも、「保育者の育ちの報告」であったのかもしれません。
> このように、内面を吐露するかのような記述を読ませてもらったことで、わたしも反省し、改めて感動することができました。感謝します。

> そんなふうに言っていただいて、ありがとうございます。わたしのなかでは、Ⅱ期とⅢ期の間に自分の意識が変わったことが、関係の変化を生んだように考えていました。しかし実際は、先生がおっしゃるように、かなり前からつながるきっかけとなる反応をD君からもらっており、それを互いに蓄積していけたのだろうと思います。
> ひとつの考えにとらわれがちなわたしの幼児理解を超えて、ずっとわたしに元気を与え続けてくれたD君に、心からありがとうと言いたいです。
> こうやって子どもも保育者も苦しみながらも、新たな関係を築いていくことができ、互いに喜び合うことができる。これが、保育の醍醐味だと感じます。

### その後……

> 1年経って、D君が自分なりの表現で友達と楽しさを共有したり、一緒にあそぶことを楽しんだりしている姿に、大きな成長を感じています。
> 今後は、保育者が支援しながらも、一歩引いて、D君の力で動けるように見守ることも必要となり、そのさじ加減が難しいこともあるかもしれません。焦ることはないと思いますが、引き続き、職員全員で話し合い、見守っていきたいと思います。

> 「焦ることはない」——まさにこのひと言に尽きるのではないでしょうか。わたしたちはつい、次に、次に……となりがちですが、待つことで見られる成長もありますよね。

深く掘り下げる　エピソード記述

> 最後にわたしからの質問ですが、今回のエピソード記述を書いてみて、あなたの保育観というか、子どもへのまなざしに、何か変化はありましたか？

「何かが変わった」と言えるほど、大それたことは答えられそうにありません。今もやはり子どもを目の前にすると、このときの自分のように、思い込んだり、させようとしたりしていると思います。
　変わったとすれば、焦りが薄れたとは思います。すぐに「こうしなければならない」「こうあるべき」と考えるのでなく、D君のことを思い出して、「まあ焦らずやればいいや」という気持ちや、今の子どもの姿を素直に、肯定的にとらえることが増えていると思います。
　もうひとつは、自分自身がそれほど思い込みやすい、否定的にとらえやすい、ということを思い返すようにしています。何かを思い込みそうになったとき、「ちょっと待てよ」と自分自身でブレーキをかける働きと言えばよいでしょうか。また、一生懸命になるほど、視野が狭くなりがちだということも自覚するようになったかな、と思います。

> 今回のエピソード記述から、『保育者の地平』（ミネルヴァ書房）という本に書かれた津守真氏の言葉を思い出しました。「それが必要だという理由でつきあっているときには、私もその子と過ごすそのときを心からたのしめていない。たとえ時間は短くとも、ともにいるそのときをゆっくりとたのしんで過ごすときにはじめて子どもと心を通わせあうことができるのだろう」――改めて、"今を共に生きる大切さ"を痛感しました。

"今を共に生きる"ことは、互いの喜びであり、楽しみですよね。それを阻害するもの――"○○するべき"という見方が、わたしたち保育者の回りにはたくさんあるように思います。"べき"を取り除き、"子どもとゆっくりと楽しんで過ごす"ことに価値をおく保育を模索していきたいです。先生からのコメントで、D君のエピソードと、また新たに出合い直すことができました。ありがとうございました。

# 自治体が作った書式による

## 期の計画

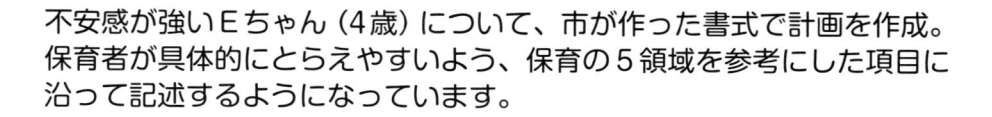

不安感が強いEちゃん（4歳）について、市が作った書式で計画を作成。保育者が具体的にとらえやすいよう、保育の5領域を参考にした項目に沿って記述するようになっています。

### Eちゃんのこと

●年齢は？
4歳児。2歳児のときから入園。

●専門機関とのつながりは？
口唇口蓋裂（こうしんこうがいれつ）があり、通院中。

●様子は？
・いつもと違う状況や新しい活動に対して不安が強く、興奮して奇声を上げたり、部屋を出ていったりする。最近は、新しい活動の導入時に見学する時間をつくると、少しずつ参加できるようになってきた。
・自分の世界であそんでいることが多く、思うようにいかないことがあると、友達をたたいたり、け飛ばしたりする姿が見られる。友達のあそびにも関心が出てきて、そばで同じあそびを楽しんでいるが、コミュニケーションは見られない。
・触覚的に癒される物へのこだわりが強く、肌触りのよいもの、他人の肌などに、自分の唇に近づけたり密着させたりして、その感触で癒されている姿が見られる。

●家族は？
父、母、姉、妹の5人家族。母親は「Eはほかの子と違う」と感じ、悩んでいるが、父親は「自分も小さいころ同じだったから大丈夫」と言っている。母親は担任との話し合いには積極的だが、医療相談の話になると「園でしっかり対応してくれているので、今のままで大丈夫」と抵抗を見せる。

## 自治体が作った書式による 期の計画

### 保育者の願い

- 気がかりな行動に注目してみると、気持ちを安定させるためだったり、できなさのストレスからだったりする様子が感じられたため、周囲の子に嫌な思いをさせず、かつEちゃんが安定するための対応策を考えたい。また、目から入る情景には比較的集中できるので、Eちゃんの集中できるアイテムを利用して対応したい。
- 注意されがちな場面が多い生活のなかで、"保育者やクラスの友達に認められる" きっかけづくりをしたい。
- Eちゃんだけに特別な対応をするのでなく、すべての子どもたちが落ち着いて活動に取り組んだり、理解につながるような援助をしたりして、みんなが安定して過ごせる環境づくりにも配慮したい。
- 保護者への連絡をこまめに行ったり、母親の話に耳を傾け、心配している気持ちを十分受け止めたりすることで、信頼関係を築けるように努めたい。

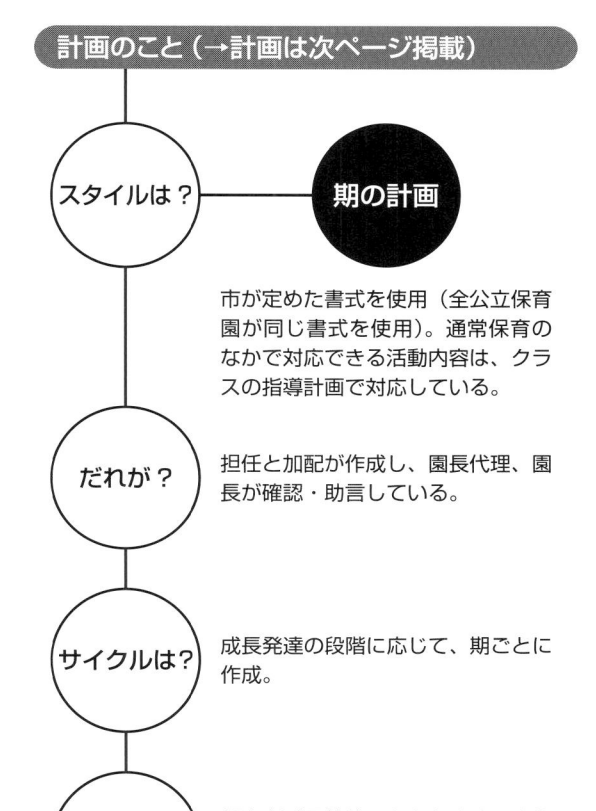

### 計画のこと（→計画は次ページ掲載）

**期の計画**

- **スタイルは？** 市が定めた書式を使用（全公立保育園が同じ書式を使用）。通常保育のなかで対応できる活動内容は、クラスの指導計画で対応している。
- **だれが？** 担任と加配が作成し、園長代理、園長が確認・助言している。
- **サイクルは？** 成長発達の段階に応じて、期ごとに作成。
- **項目は？** 保育者が具体的にとらえやすいように、保育の5領域を参考に8つの項目を立てている。また、特徴的な項目として「いいところ支援」がある。"できない姿"に視点を置きがちになってしまうため、その子が意欲的に取り組めることをとらえ、褒めて伸ばし、自尊感情を高められるように心がけている。

〈計画⑬　Eちゃんの期の個別の指導計画（9～11月）〉　※（ア）～（キ）についてはP104から詳しく解説します。

| 子どもの姿（ア） | ・身の回りのことは、言葉と共に絵カードや保育者の行動を手本にすることでやろうとするが、一度に多くのことをするのが苦手で、「ひとつずつ」と言って確認しながら行うので、見通しをもった行動ができにくい。<br>・新しい物や動きなど、ちょっとした環境の変化に敏感に反応して、ふれようとしたり、いたずらしようとしたりして、今すべき活動を忘れてしまうことが多い。<br>・絵本や紙芝居に興味関心をもち、集中して最後まで見ている。 |
|---|---|
| | 願いおよび子どもの活動 |
| いいところ支援（エ） | ①当番活動や簡単なお手伝いを通して、友達や保育者のために活動する喜びを味わう。<br>②好きな絵本や紙芝居を見たり、砂場あそびやごっこあそびをしたりして、お話の世界や言葉のやり取りを楽しむ。<br>③思い切り体を動かすあそびをして、満足感を味わう。 |
| 個別支援内容 | ①生活習慣　②健康　③人間関係　④理解　⑤言語　⑥表現　⑦情緒　⑧その他（個別支援保育含む）<br><br>①絵カードを見たり、保育者の手本や援助により、できるだけ自分で身の回りのことをする。<br>③友達からおもちゃを借りるときは場に合った言葉を使い、借りることができない場合は、違うあそびを楽しむ。<br>③・④運動会に向けて、活動にすぐ取りかかれない場合は、約束を守って見学をする。<br>③・⑦友達と一緒に同じ活動ができた喜びを感じ、達成感をもつ。<br>④絵カードや保育者の行動を見て、話や活動内容を理解する。<br><br>⑧【個別支援保育】　※発達支援のための小集団活動<br>　・いすに座って、保育者の顔（目）を見て最後まで話を聞く。<br>　・友達の活動の様子を、最後まで見る。<br>　・ひとりで活動できたことを褒めてもらい、達成感をもつ。 |
| 評価・反省（ウ） | ・生活の流れは理解できているが、周囲の動きや音により活動を中断してしまった。そこで、特に朝は、準備ができた子から戸外に出るようにして静かな環境をつくり、そのつど絵カードを提示してみたところ、行動に見通しがもてたのか、短時間で身の回りの始末ができるようになった。自分でできる日は見守り、やっている姿をさりげなく褒め、集中できないときは、具体的な対応をしていきたい。<br>・運動会では「恥ずかしい」という言葉が頻繁に聞かれたことから、周囲の観客に見られているという意識が出てきて、他者の存在を感じながらも、頑張る姿を見せたいという社会性も芽生えてきていることを感じた。活動後に「手がまっすぐ伸びて、カッコいい忍者だったよ」と評価すると、満足そうな表情を見せた。 |

| | 本児が安定できる内容 (イ) | ・少人数の環境<br>・砂場あそび<br>・ハンモックの揺らし (キ)<br>・本児の好きな感触のアイテムにふれてあそぶ<br>・絵本や紙芝居など視覚刺激のあるもの | 家庭との連携 (カ) | ・園での具体的な姿を話すなかで、環境配慮や保育者のかかわり方などを具体的に伝え、安心して本児と向き合えるようにする。特に運動会の参加については十分コンタクトをとる。<br>・保護者の何気ない話に耳を傾けて、不安な気持ちを受け止め、信頼関係を保持する。 |
|---|---|---|---|---|

### 手立てと保育者の配慮および環境構成

①当番は活動しやすい2人組で行い、一緒に活動できるような場面設定をする。
①朝夕の会などで、本児の当番活動でみんなが助かっていることやうれしい気持ちを言葉で伝え、クラスの中で認められて自信につながるようにする。
②朝夕の会や午睡前などに絵本や紙芝居を見る機会を設け、前列に座ることで、視界を遮ることなく集中して見ることができるようにする。
③登園後すぐ、鉄棒のぶら下がりなど、簡単に力を使うあそびをして、朝の会に集中できるようにする。

①生活習慣　②健康　③人間関係　④理解　⑤言語　⑥表現　⑦情緒　⑧その他（個別支援保育含む）

①手元ですぐ対応できる携帯用絵カードを用意し、順番を伝えながら本児が自分で気づいてできるように、そばで行動を見守る。頑張っている姿を、「ノートの出し方が上手だね」など、具体的な言葉で褒めて、意欲につながるようにする。
③必要な場面で言葉が出てこないときは、その場に合った言葉を伝えて、一緒に言いながら使い方がわかるようにする。
③・④運動会の練習で、「ひとつの種目が終わるまで」という見通しをもたせて、最後まで見学できるようにし、最後まで見学できたことを十分褒めて、活動への意欲につながるようにする。
③・⑦どの子もちょっと挑戦できる場面と簡単にできて楽しめる活動内容を用意して、保育者も一緒に活動しながら、具体的な言葉で楽しさを伝える。
④視覚理解が有効なので、その場の状況に合わせて、カードを使ったりボードにイラストをかいて言葉と一緒に伝えられるようにする。
⑧よい姿勢の仕方を具体的な言葉や手本を見せて、できるようにする（足の裏を床につける・膝をつける・背中をまっすぐ伸ばす・手を膝の上に置く　など）。
⑧自分で直そうとしたり、頑張って取り組んだりしている姿をとらえてその場で褒め、よい学習ができるようにする。
⑧活動が終わったら、上手にできたことを、「いい姿勢で座れたね」など、具体的な言葉で褒めて、達成感がもてるようにする。

・初めての活動には抵抗感があり、「やらない」と言ったので、「友達のやるところを最後まで1回見たら、好きな○○をしよう」と次の活動に期待させながら、約束をして見学したところ、最後まで見ることができた。このことを十分褒めたことで、次回から約束を守って最後まで見学できた。しかし、見学の回数を増やすと、約束も忘れてあそび始めるので、約束はひとつにし、短時間の見学がよいと思った。
　見学で学習したためか、最終的には運動会で全種目、友達と一緒に参加することができた。今後、新しい活動を始めるときは、本児の気持ちを確認して、見学から徐々に参加できるようにしたい。
(オ)・母親から、園長に専門機関についての問い合わせがあったため、いつでも相談員と話ができることや、教育委員会でも特性を確認する検査ができることを伝えた。保護者の心境の変化や揺れ動く不安な思いを読み取り、寄り添ってサポートしていきたい。

# 誌上プチカンファレンス

実践者と監修の田中康雄先生とで、
「保護者の思い」「"揺れ"の効果」「園から小学校への引き継ぎ」について意見交換しました。

※前ページの計画と照らし合わせてご覧ください。

### 計画を作ってみての感想

　計画を書くうえでは、特にＥちゃんが興味あること、安定できること、好きなことなどに注目して記述し、それらを意識して保育できるように心がけました。
　また、活動の題材選びや環境構成、保育者のかかわり方なども個別に検討し、実践を重ねるうちに、これらはＥちゃんだけでなく、どの子にも必要な配慮なのではないか、と感じるようになりました。

### 全体の感想

　全体的によく整理されていて、機能的な表現で記述されており、だれがかかわってもわかりやすい計画になっています。
　「子どもの姿」（ア）から記述されているので状況がとらえやすく、「本児が安定できる内容」（イ）は、保育者のかかわりのヒントとなりますね。評価・反省（ウ）でも子どもの育ちをきちんと把握し、それに沿った対応を計画的に行っているので、取り組みの変更や改変も非常に理想的、かつ論理的だと感じました。おそらく行動療法的※、あるいは構造化※の取り組みを得意としている園なのでしょうね。また、「いいところ支援」（エ）という項目に、子どもへの温かなまなざしを感じました。わたしたちはつい、子どもたちの"気になる姿"に目がいってしまいがちですが、子どもたちの素敵なところにこそ、注目していきたいものです。

### Ｅちゃんについて想像すること

　常に不安ななかで生活している様子がうかがえます。「壊れない世界で生活したい」と願っているＥちゃんですが、日々の生活は、違う状況や新しい活動への参加を促してきます。自分の行動さえも、思うような結果にたどり着かないことがあります。
　そんなときＥちゃんは、円満に"だれかに助けてもらう"ことができません。しかしきっと、奇声を上げたり、友達をたたいたり、け飛ばしたりすることが、今Ｅちゃんができる最大のコミュニケーションなのでしょうね。そして、それ以上にほっとするのが、皮ふを通して得る安心感なのでしょう。

## ①母親の複雑な胸の内は……？

　母親はＥちゃんが「ほかの子とどこか違う」という不安を抱きながらも、医療機関の話題には抵抗感というか、警戒心のようなものがあるようですね。口蓋裂もあって、障がいがあるかも、という自覚もあって……でも、明らかにはしたくないという心情なのでしょうか。

　口蓋裂に関しては、"通院して手術をすることで徐々に改善できる"という目に見える見通しがあるためか、それほど気にしてはいないようでした。

---

※行動療法……心理療法のひとつ。望ましくない行動を減らし、望ましい行動を増やすなど、"行動"の変容を目的とした療法。
※構造化……"何を""いつ""どれくらい""どのように"行えばよいのかといったことが、目で見てわかるような環境になっていること。

ただその一方で、親御さんが育ってきた環境では、年齢相応の行動ができないと問題視されてきたという経緯が考えられ、また、母親の妹さんが保育者をしていて、小さいころから動きの激しいＥちゃんを心配してきたようです。その漠然とした目に見えない不安や、"医療機関にかかる"ということが、"我が子に診断名が付けられる"という恐れにつながったのだと思います。

そんな恐れや不安を抱えていた母親が園長に専門機関のことをたずねてきたのは**（オ）**、これまでの園の対応から信頼感が得られたからなのでしょうね。計画の"家庭との連携"の欄**（カ）**を見ても、園が保護者とのかかわりを大切にしていることがよくうかがえます。
保護者からのこのようなアプローチに対しては、例えば、「よい機会ですね。この子の力や特性がもっと客観的にわかると、園での取り組みにもプラスになるので、一度、相談に行ってみませんか？　わたしたちも同行できますよ」と伝えることなども、かかわりのひとつでしょう。

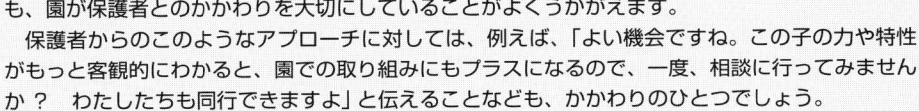

## ② "揺れ"がもたらす効果

Ｅちゃんが「安定できる内容」の項目に、「ハンモックの揺らし」**（キ）**が挙がっていましたね。

はい。園長の声掛けで職員みんなで感覚統合※を勉強し、気持ちを安定させる方法のひとつとして、"揺れ"がよいことを学びました。そこで職員で話し合い、揺れを取り入れてみることになったんです。

時に、不安定な揺れを怖がる子がいます。安定感を欠くからなのだろうと思います。そんなとき、ゆっくりとしたリズミカルな刺激は、興奮を鎮静させてくれます。
ハンモックの揺らしは、体をハンモックに包み込む安定感を与えてくれました。感覚統合療法的には、前庭覚刺激※を提供する方法のひとつです。揺れもいろいろで、速い回転や加速した動きは、脳を活性化させますが、今のＥちゃんには、どちらかというとゆっくりとリズミカルな揺れで、安心を提供する方が有効そうですね。

はい。まずはＥちゃんが３歳のときに、お昼寝前に"揺れ"を取り入れてみました。そのころは、まだ園にハンモックがなかったので、大きめの布を保育者２人で持って、その上にＥちゃんを乗せて揺らす"布スイング"をしました。これを１週間続けたところ、落ち着きが見られるようになって、入眠がスムーズになりました。

※感覚統合……体や環境からの感覚情報を脳のなかで整理し、スムーズに体を使う過程を指す。発達障がいのある子どもはそれがうまくいかない場合がある。
※前庭覚刺激……頭の傾きや動きの方向、速さを感知する感覚を「前庭覚」といい、そこに働きかける刺激のこと。
　　　　　　　前庭覚は、姿勢や運動、バランス能力に重要な役割をもつ。

揺らしを始めて1か月くらいすると、Eちゃんがとても落ち着いて生活する姿が見られ、揺らしをした後の数時間はフラフラと動く姿が減りました。また、安定してくると、保育者の話もよく聞くようになって、わずかではありますが、アイコンタクトや行動、言葉でのコミュニケーションが取れるようになってきたんです。

この"揺れ"の取り組みは、Eちゃんだけではなく、ちょっと心が不安定な様子の子や、発達のアンバランスな子にも効果をもたらすものだと思われたので、今はEちゃん以外の子にも取り入れています。ただ、保育者の力で何度も揺らすのはなかなか大変……！ということで、ハンモックを入手しました。

日常に立ち返って考えると、僕たちは泣きじゃくる子どもを抱っこして、ゆっくりとリズミカルに揺らしたり、しくしく泣いている子の背中を、リズミカルに優しくトントンしたりしますよね。
"発達のアンバランスな子への特別な技法"とせずに、"だれでも心が落ち着かないときに活用できそうなかかわり方のひとつ"ととらえるとよいのではないでしょうか。

## ③園の対応を小学校へ引き継ぐには……？

とても細かな対応が伝わってくる計画・実践ですが、小学校では、なかなかここまでのかかわりにはなりにくいかもしれませんね。そのあたりの不安や心配はありますか？

この地域は比較的園と小学校の交流が多く、連携がとりやすいので心強いです。例えば、5歳児クラスになると、入学先の小学校の1年生と交流活動をします。そのなかで、小学校側が日ごろの子どもの様子を把握し、個別の配慮が必要な子の場合は保育参観にも来てくれます。また、小学校との連絡会があり、そこで園での活動の様子や、具体的な配慮について、小学校に伝えています。

入学後は各小学校に支援員がいて、個別に対応をしてくれます。また、教育相談員が、各小学校を巡回して、個別対応の必要な子について具体的に話し合い、丁寧に対応してくれています。

園から小学校への接続がしっかりと行われていますし、就学後の細かな対応もすばらしいですね。
まず小学校に伝えたいのは、"Eちゃんにある不安の強さ"ではないかと思います。これは時に、"保護者から十分に安心を提供されてこなかったから"という誤解を生みやすいものです。この子が、生来的に安心を手に入れることに難しさをもっている子であることを、ぜひ伝えておいてほしいと思います。
そのうえで、園で取り組んで有効だったことや、保護者の心配や不安も添えて申し送りできるとよいでしょう。

自治体が作った書式による 期の計画

その後……

　運動会終了後、母親が「Eが頑張っている姿を見せてもらえて本当にうれしい。成長を感じ、少し安心できた」と感想を伝えてくれたんです。このように、保護者に子どもの成長を感じてもらうことも、子育て支援なんだなと感じました。

　まったくそのとおりだと思います。先生がたは、すばらしい育ちの応援をしていますね！

　ありがとうございます。次期の計画は12月〜2月中旬で、クリスマスや正月などいろいろな行事があります。クラスの友達と一緒に、自分の役割をもって取り組むなかで、"Eちゃんはクラスの一員である"という気持ちを、本人もクラスの友達ももてるように支援していきたいと思います。

　運動会では見学を通して学ぶことができたので、こま回しなど、ある程度の能力や技術が必要な正月あそびも見学で学ぶことを視野に入れて、活動を組み立てたいと思います。大勢のグループで活動すると集中できないので、保育者と一対一の活動から始め、あそびの楽しさを体験して、自信につなげたいですよね。

　そうですね。同年齢の他児よりできないことを自覚している部分もあるので、Eちゃんにわかりやすい言葉で、できている姿を具体的に伝え、意欲につながるようにしたいと思います。

　まったくそのとおりです。保育者のそうした細かな配慮と、半歩先を読むかかわりの先で意欲的な育ちを示すEちゃんに、また驚かせてほしいですね。

# 話し合いを中心とした
## カンファレンスタイプ

集団活動や友達とのかかわりに課題のあるF君（5歳）について、
専門家や園の全職員で育ちやかかわりを検討。
"書く"というよりも、"話し合う"ことで、
気づきが得られました。

話し合いを中心とした **カンファレンスタイプ**

## F君のこと

●年齢は？
5歳児。3年保育の3歳児クラスから入園。

●様子は？
・大人の指示など簡単な言語理解は可能だが、全体的に構音が未熟で、F君が話しかけてきても聞き取りづらい音がある。
・運動面では粗大な運動がぎこちなく、微細な運動においても手先が震えてうまくいかない場面が見受けられる。
・友達とのかかわりでルールが守れず、いざこざになったり、集団活動で流れに乗れないときの対応が難しいことがある。

●専門機関とのつながりは？
入園以前から発達の遅れが認められており、医療・療育機関に通っていた。現在は、ASD・知的障がいと診断されている。

●家族は？
祖父・父・母の4人家族。保護者はF君の障がいをなかなか受け入れられない様子が見られ、家庭の協力をお願いしてもそれをはぐらかす感じが強く、一緒にF君を支えていく関係が築きにくい。幼稚園では訓練的なことではなく、友達と同じ場で生活をすることや、友達とかかわりながら身体を動かしてあそんでほしいという願いがある。**(エ)**

## 保育者の願い

●基本的な生活習慣や集団生活のリズムを身につけ、自分のことを自分でしようとする意欲をはぐくんでいきたい。

●まずは保育者との信頼関係を築き、「一緒に過ごしたい」「保育者に見てもらいたい」と思えるような関係を築いていきたい。**(イ)**
またそれと平行して、友達とのかかわりの機会を大事にし、一緒に過ごす心地よさが感じられるように援助していきたい。

●自分の好きなあそび（三輪車あそびなど）を思い切り楽しむ時間と空間を保障しながら、友達とのあそびや運動あそびに誘って一緒に楽しむなど、十分にあそびこむことを大事にしていきたい。

※下線（イ）（エ）についてP113～114で解説します。

## カンファレンスのこと（→カンファレンスシートは次ページ掲載）

**スタイルは？** → カンファレンスタイプ

書式としての「個別の指導計画」は作っておらず、「ケースカンファレンス」として行う「観察」→「記録」→「記録のまとめ」→「話し合い」といった一連のサイクルそのものを、個別の指導計画と位置付けている。

**だれが？**

全職員が参加。さらに、当園の特別支援教育コーディネーターが大学の教員や大学院生と連携を図り、毎回参加してもらった。その際、大学教員と大学院生は指導役として参加するのではなく、実際のF君の姿を共有して同じ土俵で話し合うために、カンファレンス前に数回の観察の機会をもってもらっている。

**サイクルは？**

1～2か月に1回実施。1回の話し合いは約2時間（年8回程度）。

**流れは？**

①担任や加配が事前にカンファレンスシートの「F君の様子」(P110)を記入し、それをもとに、話し合いの場で最近の様子を報告する。
②大学側から、事前観察で見られた様子をまとめた資料、写真やビデオを交えて報告。
③①②を踏まえ、最近困っていることや成長していることを、全出席者で話し合う。
④まとめとして、今後の支援の方向性や、特に観察が必要な場面などを話し合う。
⑤話し合いの内容を、カンファレンスシートの「今後の方針」(P111)に記述する。

〈計画⑭　F君のカンファレンスシート〉　※（ア）〜（カ）についてはP113から詳しく解説します。

| | | 【カンファレンスまでの】F君の様子 |
|---|---|---|
| | 生活習慣 | ○登園後の身じたくは、少しの方向付けですんなりできるようになっている。<br>○自由あそびから片付けへの移行場面では、保育者がついていないと、自分で切り替えるのが難しい。また、片付けに入るタイミングが遅くなると意欲も低くなってますます遅くなるので、早めの対応が必要である。<br>○排せつは、夢中になってあそんでいるとトイレに行きたい気持ちに気づかないが、気づいても、あそびを優先して漏らしてしまうことがある。<br>○食事は、冷たいご飯や肉などのあまり好きではないものも、残さないようになってきた。 |
| | 自由あそび | ○2人乗り三輪車が一番好きで、自由自在に乗り回し、他児を後ろに乗せてスピードを出すことを楽しんでいる。他児とのかかわりもあり、このあそびを否定的にとらえる必要はないように感じる。<br>○他児のあそびに入っていったときに順番を守れなかったり、自分の要求を通そうとしてトラブルになったりすることがある。保育者が仲介すると、我慢したり思いを伝え合ったりすることができる。 |
| | 集い | ○担任が話す内容は、言葉だけでほぼ理解している。「休みの日に何をしたか」などの質問にも答えられる。<br>○友達の話を長く聞く活動になると、関心が持続しない。<br>○2人組の活動やグループの活動などは、援助がないとその活動ができないことが多い。<br>○活動中に集中力が切れると、眠たそうにして机に突っ伏すこともしばしばあった。そうなると、保育者が声を掛けても、再びやろうとするのは難しい。 |
| | 保育者とのかかわり | ○保育者には信頼を寄せており、よく話しかけてくる。<br>○うまく保育者を選んで、甘えようとする態度もとる。<br>○保育者に褒められたい、認められたいという思いが強く、そのことが行動をプラスに転じるきっかけになることが多い。<br>○担任、副担任、フリーの教員それぞれとの関係性が築かれ、役割がある程度決まってきた。 |
| | 友達とのかかわり | ○基本的には、クラスの友達に対して親しみの気持ちをもっており、関心を寄せていることが多い。<br>○ときどき他児の物を取ることがあるが、保育者が毅然とダメだと伝えると、返して謝る行動がとれるようになった。<br>○2人乗り三輪車に他児と一緒に乗ったり、他児が乗っているスクーターと一緒に走ることが好きになってきている。一方、それ以外のあそびで友達とかかわることがほとんどなく、かかわりが減少しているかもしれない。<br>○他児とのかかわりのなかで、F君が怒って友達をたたくこともあるが、いざこざになることは減ってきた。<br>○F君の行動を他児が笑う様子もときどき見られるので、そのような雰囲気を変えていく必要がある。 |
| | 保護者 | ○相談をしてくる様子はない。子どもの成長をこちらが伝えてもそれほど喜ぶ様子もなく、深くは入ってこない。<br>○F君と母親の関係も同様で、一生懸命かかわろうという感じではなく、なるべく自分の手から離れてほしい、と本音をさらっと言うことがある。<br>○「私が診断させたから、障がい児にさせた」という発言。受容しきれないしんどさからか。 |
| | 心の育ち・その他 | ○気持ちのコントロールができるようになってきた。嫌なことがあれば、以前は怒り、投げ出す様子が見られたが、今は我慢して認められたいという気持ちがうかがえる。これはF君が人とかかわりながら生きていくうえで、大事な育ちではないだろうか。<br>○一定の見通しがもてるようになり、それに沿って行動できる。<br>○就学に向けて、小学校とどのような点で連携していくのかという視点を定めていく必要がある。 |

## 話し合いを中心とした カンファレンスタイプ

| | 【カンファレンスを受けて】今後の方針 |
|---|---|
| | ○次に行われる楽しみなことを伝えるなどして、うまく意欲を向けられれば、身じたくはスムーズにできる。今後もF君の気持ちを高める援助を探りながら行っていく。<br>○<u>場面の切り替えで意欲が低下しないよう、早めに行動できる援助が必要なのでは。本児自身で切り替えるのは難しいので、保育者が、「次にF君の好きな○○をするよ」と伝えるなど、先の見通しをもてるような援助が有効ではないか。</u>**(ア)** |
| | ○したいあそびを通した他児とのかかわりの場面を大事にする。<br>○トラブルになる場面はまだ多いので、F君と周りの双方が納得できる形での解決を積み重ねていく。また、F君は認められることが大きなモチベーションになるので、うまくできたときにはそのことを褒めていく。 |
| | ○話すことに対する意欲が高まっている。今後もF君が話す場面を大事にしていきたい。<br>○「どのようなときに集中力が切れるのか」「そうなるまでの兆しは読み取れないか」などのF君の気持ちの変容を、保育者、大学双方でよく観察しながら探っていくことにした。また「どのような援助で意欲が向くのか」「少し違う形で参加する方法は探れないか」という視点も加えながら、保育を探っていくことにした。 |
| | ○<u>保育者を慕ってくる関係性を、今後も大事にしていく。また、担任は父親的で時に厳しく接する、副担任は母親的で安心して甘えられる、といった保育者それぞれの役割があることが、F君にとってもよい結果を与えているのではないか。</u>**(ウ)** |
| | ○自分の欲求を抑えられるようになってきているので、そのことは肯定的に受け止め、十分認めていきたい。<br>○友達とのかかわりが保障できるように、本児の関心のあるあそびを通して友達とかかわることができるような工夫をする。<br>○他児が、F君の言動を馬鹿にしたり、からかったりしたときには、そのような行為は人として間違っていることを毅然と伝えていく。またそれ以上に、あそびや活動で一緒に楽しむ体験ができることを大事にし、肯定的な関係が築けるように援助する。 |
| | ○<u>引き続き、F君の様子や肯定的な育ちを伝えながら、一緒に本児の育ちを支えていく態勢をつくっていけるようにする。</u><br>**(オ)** |
| | ○F君の心の育ちをみんなで共有して、育っている実感をもちながら保育をしていこう。<br>○夏休みに就学先の特別支援教育コーディネーターの先生と連携をとり、どのような情報があるとよいか、どのような育ちを期待しているのかを聞く機会をつくってはどうか。また、<u>F君の保護者にも、小学校に行って話す機会をもつように勧めてもよいのではないか。</u>**(カ)** |

# 誌上プチカンファレンス

実践者と監修の田中康雄先生とで、
「場面の切り替えの支援」「保育者のかかわり」「保護者の不安」について
意見交換しました。
※前ページのカンファレンスシートと照らし合わせてご覧ください。

### 計画を作ってみての感想

　以前、月ごとに個別の指導計画を作成したこともありましたが、子どもの"できないこと"に焦点を当てがちになってしまい、また"書くことが目的"になってしまいました。記録のための記録、子どもに何かを達成させるための目標となり、計画を埋める感、あら探し感が出てきてしまったのです。
　そこで手法を変えて、カンファレンス形式での考察を試みました。すると、さまざまな視点で"F君の成長"を認識でき、"これから"を考えることの大切さを実感できました。また、育ちや課題がとらえやすくなり、翌日からの保育がやりやすくなりました。例えば「このような姿として表れるのもF君の成長」と余裕をもって受け止めることができ、情報や課題を全職員で共有していることで、「こんな場面があったからこんなふうに接したよ」と支え合う体制が築かれてきました。話し合うこと自体も楽しく、わたしにはこのスタイルが合っているのだと感じています。

### 全体の感想

　複数の視点でF君の姿をとらえ、話し合うことが、その子の理解を深め、これからの方向性を探る個別の指導計画となっているのですね。
　話し合いに活用されるのが、カンファレンスシートと写真やビデオなどの資料になります。注意しておきたいのは、実際に自分の目で見たことと、第三者の視点で切り取られた情報を、どう融合するかです。
　映像などを通して議論する際は、F君の思い、心の動き、言葉を大切にして、そのときどう思ったのか、何を感じ、何を伝えようとしたのかを共有したいですね。できること・できないことという"機能"面だけでなく、どうしたいか・何を感じたかという"情緒"面に目を向けていきたいものです。

### Eちゃんについて想像すること

　粗大・微細な運動が苦手ということと構音のつたなさは、関連しているように思われます。身体バランスにぎこちなさがあるお子さんなのでしょう。自ら保育者や友達に話しかけても、思いが通じないことで、悲しい思いやイライラを募らせることもあるのでしょうね。
　友達とのやりとりで衝突するという場合、

①ルールが理解できず、自己中心的になるのか
②ルールは理解しているが、自分本位にしたいのか
③ルールよりも、とにかく自己主張をしたいのか
④そのような衝突が"楽しいあそび"だと誤解しているのか

などを考えてみてください。そのうえで、集団になじめないのは、運動面のぎこちなさゆえなのか、状況を理解しきれておらず適切な言動ができないからなのか、なども検討していくとよいでしょう。

話し合いを中心とした **カンファレンスタイプ**

## ①次の場面への切り替えをどう支援する？

カンファレンスシートの**(ア)**に、"場面の切り替えで意欲が低下しないよう、早めに行動できる援助が必要なのでは"とありましたが、"今を共に楽しむ必要"についてはどのようにお考えでしょうか？

基本的には、"あそび時間を共に楽しむ"ことが前提であり、その点は大事にしたいと思っています。ただF君の場合、その後の切り替えが問題で……。なかなか気持ちが次に乗らなくて、いつも集いに遅れて参加し、乗り切れないという悪循環が習慣化していました。ですので、"早めに行動する"というか、次への見通しを伝えて、F君が心の準備ができるような援助が必要だと考えたんです。

「せっかく乗ってきたのだから、もう少し一緒にあそびたい」という思いを、保育者が抱くときもあるでしょうね。切り替えって、とても難しいですよね。「次にF君の好きな○○をするよ」といった予告は、やってみていかがでしたか？

予告をしたことで、「あ、次それするの？」と答えるなど、保育者との応答的な関係が築きやすくなり、保育者の言葉がすっと届く手ごたえがありました。すんなりと集いに入ったときには、その後の意欲や集中力が高かったです。逆に遅れて入ると、どうしても乗り切れない傾向が強く見られました。

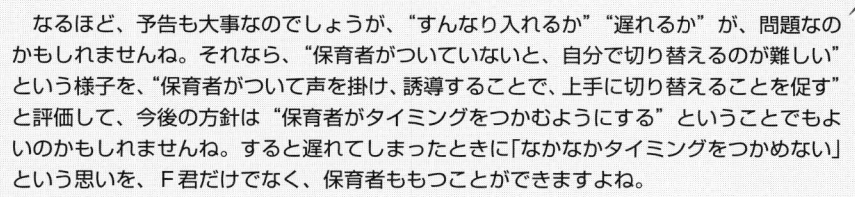

なるほど、予告も大事なのでしょうが、"すんなり入れるか""遅れるか"が、問題なのかもしれませんね。それなら、"保育者がついていないと、自分で切り替えるのが難しい"という様子を、"保育者がついて声を掛け、誘導することで、上手に切り替えることを促す"と評価して、今後の方針は"保育者がタイミングをつかむようにする"ということでもよいのかもしれませんね。すると遅れてしまったときに「なかなかタイミングをつかめない」という思いを、F君だけでなく、保育者ももつことができますよね。

## ②今、F君に必要な保育者のかかわりは？

"保育者の願い"**(P109 イ)**に、"「一緒に過ごしたい」「保育者に見てもらいたい」とF君が感じられるような関係を築いていきたい"とありますが、まさにその通り！ 今のF君に必要な、とても大切な視点だと思いました。

F君は人懐こく、大人に自分を認めてもらいたいと感じている様子が見られたので、まずは保育者との関係を築くことが大切だと考えたのです。

カンファレンスシートの**(ウ)**に、"担任は父親的で時に厳しく接する、副担任は母親的で安心して甘えられる、といった保育者それぞれの役割がある"という記述がありました。F君は状況を理解するのが難しいお子さんのようですが、そのF君に"厳しく接する"というのは、例えばどのような状況なのでしょうか？ "母親的で安心して……"というのは、どのようなかかわりですか？

F君は状況理解が難しいというより、わかっていても自分の感情をうまくコントロールできにくいと考えられました。例えば、注目してほしいときにわざと人の嫌がることをすることもあったので、他児にそのような行動をしそうな場面では、F君に毅然とした態度で、そのような行動は望ましくないと伝える役目が必要だと考えました。
　その役割を"父親的"と表現したのですが、それを担任教諭であるわたしが担いました。そして抱っこしてもらうなどして自分の気持ちを立て直すときには、副担任が受容的（母親的に？）に受け止める、という役割が自然に分担されていたのですが……。

　僕は、F君は「注目してほしい」という感情を、もっとも相手にとって効果的な方法で表現しているのではないかと思いました。その感情は、「一緒に過ごしたい」「見てもらいたい」という思いと重なります。望ましくないのは、彼がとった手段であり、「注目してほしい」という感情は正しいのですよね。
　もしここで、保育者が父親的かかわりと母親的かかわりを示すなら、正しい行動を母親が教え、F君がその行動をしたときに父親が褒めるということが大切ではないかと思いました。F君に知ってほしいのは、"この世の厳しさ"の前に、"正しい行動"ですよね。

### ③母親の不安と願い

　このケースでは、"保護者の思い"が大きな課題のひとつだと感じられました。
　F君が医療・療育を受けながらも、母親が診断を受け止めがたいのは、

①障がい児扱いしたくない
②ゆっくり育つと信じたい
③祖父への遠慮など何か家庭的な課題がある

……など、いろいろな理由が考えられますが……。

　母親は「わたしが気づくのが遅かったから、Fの発達が2年ほど遅れてしまった。それを訓練などで取り戻せるはず」という思いがあるようです。また、「障がい児にしたのは、自分が手帳をもらったからであり、もらう必要はなかったのではないか……」という思いを語ってくれたこともありました。「障がい児扱いしたくない」「ゆっくり育つと信じたい」という2つの思いが渦巻いていて、今もその思いはもち続けているのではないかと思います。

　なるほど、そのうえで、母親には「F君には友達と楽しくあそび、かかわり合いながら育ってほしい」という思いがあるようですね（P109エ）。障がいの認否は、母親ひとりのひっそりとした深い葛藤のようですが、日常では、「F君が明るく元気に育ってほしい」という願いがあるように思いました。
　母親が抱く「幼稚園では訓練的なことではなく、友達と同じ場で生活をすることや、友達とかかわりながら身体を動かしてあそんでほしい」という願いには、幼稚園では「我が子がみんなと一緒に育っていく姿が見たい」という強い思いを感じますね。医療や療育はどうしても"障がい"に向き合わねばならない場所だと思ってしまいますから。

　そうですね。園には「F君に、同年代の友達と"自然に"過ごすことのできる場を提供してほしい」ということを期待していたようでした。

話し合いを中心とした **カンファレンスタイプ**

　カンファレンスシートの **(オ)** に、"(保護者と) 一緒に本児の育ちを支えていく態勢をつくっていけるようにする" とありました。とても大切なまなざしですね。身近なサポーターとして、母親を支えてほしいと思います。
　**(カ)** に、"F君の保護者にも、小学校に行って話す機会をもつように勧めてもよいのではないか" とありましたが、就学についての保護者の思いはどうなのか……。保育者がその確認をしてから、小学校に思いを伝える必要があるでしょう。

その後……

　みんなに支えられて育ったF君は、今でも友達とトラブルになることはありますが、そのことを周りの子どもも受け入れ、F君も自身でブレーキをかけることが増えてきました。友達と一緒に過ごす時間やクラスの集いが大好きになり、小学校に進学することを心待ちにしています。

　いやぁ、ともかくF君は頑張っていますよね！　友達と支え合い、その時間を楽しめるようになってきたようです。よかったですね。
　そういったF君の変化や成長によって、保護者はどのような変化を見せましたか？　特に「これまでの支援をどうつなげるか」という保育者側の思いに対して、母親も「よい支援を受けた」というように気持ちが変化していったでしょうか？　またそのうえで、F君の発達のアンバランスさなどについても、とらえ方に変化はありましたか？

　就学について保護者と話し合い、F君は特別支援学級に進級することになりました。そのころには、母親の様子も少し変わってきて、幼稚園スタッフとも気軽に話すことが増え、少し吹っ切れたような姿が見られるようになってきました。F君が生き生きとしている姿や他児とかかわる姿を、前より肯定的にとらえるようになってきたのかな？と感じます。

　園で過ごしてきたことで、母親は、F君の健康な面に改めてふれることができたのでしょう。しかし特別支援学級に進むことで、きっと葛藤がまた浮上してくるだろうと思います。
　親の気持ちにはゴールがありません。就学後に支えてくれる関係者の存在に期待したいですね。大切なのは "途切れない支援" です。

# 就学を支援する
## 移行支援計画

次年度に就学を控えているGちゃん（6歳）。
保育者をはじめとして、
Gちゃんを支える育ちの専門家が集まり、
園から小学校への移行を
スムーズにするための計画を
まとめました。

### Gちゃんのこと

●年齢は？
6歳児。3年保育の
3歳児クラスから入園。

●様子は？
・幼稚園入園時から、保護者・園・教育委員会で支援会議を開催し、Gちゃんが在籍するクラスに特別支援教育指導員※を配置した。
・基本的な生活習慣は自立しているが、人とかかわる力やあそびに偏りがある。急な変化や大きな集団が苦手だが、対応によっては気持ちを切り替えられることもある。大きな音を嫌うなどの感覚過敏がある。
・卒園後は、特別支援学級（自閉症・情緒がい学級）に入級予定。

●専門機関とのつながりは？
市で行っている発達相談で、ASDと診断され、2歳から療育機関に2年間通って親子支援を受けた。その後、より専門的な個別指導を受けるため、通園療育施設に1年通う。

●家族は？
父・母・弟の4人家族。早い段階から療育で親子支援を受けてきたこともあり、保護者はGちゃんの障がいを受け止め、園や地域との連携にとても協力的。来年度Gちゃんが特別支援学級に入級するにあたっては、学級内だけでなく、小学校のいろいろな子どもたちと交流してほしいと願っている。

※特別支援教育指導員……特別な支援が必要と市が判断した場合に、市から派遣される指導員。いわゆる加配。

就学を支援する **移行支援計画**

### 保育者の願い

- Gちゃん自身のことや、これまで園がGちゃんに行ってきた支援をまとめ、小学校と共有することで、就学後もGちゃんが生き生きと過ごせるようにしたい。
- 保護者の不安や、就学にあたっての希望を聞き取り、保護者自身も安心して就学に臨めるようにサポートしたい。
- 申し送りが一方的なものになるのではなく、小学校側の意見や希望も確認しながら、支援や指導が充実するよう、協力関係を築きたい。

### 計画のこと（→計画は次ページ掲載）

**移行支援計画**

**スタイルは？**
"保護者の意向と子どものニーズを把握し、就学以降の支援や指導の充実につなげること"を目的として作成する「園から小学校への移行を支援する計画」。市が作った書式で作成する。

**だれが？**
生活主体となっている幼稚園が中心となり、特別支援教育指導員、特別支援教育コーディネーター（このケースでは園の教頭）、保護者・教育委員会・各関係機関・就学先学校が集まって検討する（移行支援計画作成会議）。

**流れは？**
①担任・特別支援教育指導員・特別支援教育コーディネーターで話し合い、在園時の子どもの様子や園での対応、これまでの記録や個別の指導計画などを振り返って、「これまでの様子・願い」（P118）をまとめる（移行支援計画作成会議にあたり、小学校の教諭があらかじめ幼稚園に子どもの様子を見にきたり、話し合いをもったりする）。
②①をもとに、保護者・教育委員会・関係機関・小学校教諭も加わり、就学後の支援や指導を検討し、「これからの計画」（P119）をまとめる。
③市の作った移行支援計画書式に沿って、園がこれまでの話し合いをまとめる。作成したものは保護者の確認をとり、了承を得る。
④園が完成させた計画を保護者に渡す。
⑤保護者が計画を直接小学校に渡す。

※作成会議や作成の時期は、園や親子の状況などによってさまざま。

〈計画⑮　Gちゃんの移行支援計画〉

## これまでの様子・願い

| 保護者から | 生活の主体機関　A幼稚園から | D園特別支援幼児教室から※ |
|---|---|---|
| （家庭での様子）<br>・生活習慣は身についている。<br>・母親にしてもらいたいことを、単語で要求する。<br>・車に乗るのが大好き。歩くときは危険なことがわからないので、必ず手をつなぐ。<br>・家電の音を嫌がって、耳を押さえる様子が見られる。<br>・気に入ったボタンを押したがり、エレベーターなどで自分がボタンを押さないとパニックになる。<br><br>（願い）<br>・人とのかかわりはもちにくいが、気に入った友達とであれば手をつなぎ、集団行動ができる。特別支援学級内だけでなく、1・2年生との交流の機会ももってほしい。<br>・大きい集団の中でもできることがあると思う。最初からできないとあきらめずにチャレンジさせ、可能性を広げていってほしい。<br>・読み書きはできるようにしたい。教科学習も取り入れてほしい。 | （生活の様子と支援の内容）<br>・学級に特別支援教育指導員が配置され、個別に援助しながら園生活を送っている。就学前には、日常的な援助を必要とせず、友達に教えてもらいながら活動に参加できる様子も見られるようになった。<br>・朝の会で1日の流れを一つひとつ押さえると、安定して活動できる。突然生活の流れが変更になったときは、「どこで」「いつまで」「何を」「終わりは」など、具体的に伝え、指導員と共に丁寧に取り組むことで、安定する。<br>・大きな音がすると耳をふさぐ、涙を流すなどして、その場から離れようとする。怖がる思いを受け止め、頑張ったことを褒めると、次の活動につながりやすい。<br>・"自由にあそぶ"活動には困難を感じていたので、活動を選択できるようにしている。また、昼食後は指導員と一対一でゲームや言葉あそびをし、安定できる、ゆったりとした時間をもつようにしてきた。<br>・体操や歌は好きだが、初めての曲や動きを拒否することが多かった。特別支援幼児教室と連携し、前もって個別に教えるなど、準備期間を設け、少しずつ慣れていけるようにしている。 | （教室での様子と支援の内容）<br>・不安なことや嫌なことを、言葉で伝えられるようになってきた。<br>・音楽は好きだが、音に対する過敏さがあったので担任と連携をとり、教室の個別の時間に、本児が受け入れられる音量で曲の雰囲気に慣れるようにしていった。得意でないことも、個別に時間をかけて取り組むことで自信がもてるようにし、少しずつ慣れていけるようにしている。<br>・簡単なルールで終わりがはっきりわかるあそび（トランプなど）で、本児が得意なものを親子一緒に楽しむことで、家庭でのあそびにつながるよう支援した。また、そのあそびを学級の友達数人と楽しむようになり、友達を求めたり、自然なかかわりのなかで自分の思いを短い言葉で伝えたりする姿が見られるようになってきている。<br>・ひらがなに興味をもち、カードや絵本を使うことで、実際の物事と結びつくようになってきた。 |
| 医療機関から | 療育機関（入園前に利用）から | 検査結果など |
| ・市の発達健康相談で、小児科医にASDと診断される。 | ・言葉の遅れや視線が合いにくいなどにより、2歳のときから地域小規模療育機関に2年間通い、親子支援を受ける。<br>・より専門的な個別指導を受けるために、通園療育施設に1年通う。 | ・1歳半健診で言葉の遅れと多動傾向を指摘される。<br>・新版K式発達検査結果<br>認知適応領域、言語社会領域には数値的に差はない。数選びは得意である。ほぼ2歳半の知的発達の遅れがある。 |

※特別支援幼児教室……幼稚園内に設けられた、園内外の特別な支援が必要な子どもが利用する教室。

## これからの計画

| 長期目標 | | 毎日の生活に見通しがもてるようにし、安定した学校生活を送るなかで、能力の伸長を図る。 |
|---|---|---|
| 就学について | | 特別支援学級（自閉症・情緒障がい学級）入級予定。 |
| 指導について | 生活面 | ・視覚的なものを手がかりに、小学校における生活習慣の定着を図る。<br>・初めてのことに向かう前に、事前に説明をするなどの配慮をする。<br>・聴覚過敏があるので、音環境に配慮した環境構成をする。 |
| | 言語面 | ・絵カードやあそびなどの実体験を通して言葉を増やし、個別のかかわりで表現の仕方を身につけ、コミュニケーションの力を高める。 |
| | 社会面 | ・視覚支援を行い、見通しをもって場に応じた行動ができるようにする。<br>・他学級と積極的に交流し、社会性を高める。 |
| | 運動面 | ・興味のあることから、手足を協応させた運動をはじめとした運動能力を高め、健康な体を育てる。 |
| | 学力面 | ・さまざまな経験ができるように多様な場を用意し、生活するための基礎的な学力の定着を図る。 |
| 家庭との連携 | | 本児のニーズと保護者の願いを重ねながら、目標をできるだけ具体的にして、情報交換をしていくようにする。 |
| 関係機関との連携 | | 就学後も関係機関が連絡を取り合い、ニーズに合った支援が続くようにする。 |

## 誌上プチカンファレンス

実践者と監修の田中康雄先生とで、「途切れない支援のあり方」「保護者の支援」について意見交換しました。
また、小学校の先生にもインタビューしました。

※前ページの計画と照らし合わせてご覧ください。

### 計画を作ってみての感想

　Gちゃんのケースでは、保護者と協力関係が築けていたので、スムーズに計画を作成できました。移行支援計画を作成することで、園での実態を踏まえ、小学校での指導に生かしてもらえるので、作成する意義は大きいと感じています。

　ただ、保護者が子どもの障がいを受け止められず、計画作成の了解をもらえない場合も多く、その場合は、関係機関との連携や検査による多面的な実態把握などができないため、その子のよさや苦手なこと、支援の仕方など具体的な引き継ぎがしにくいのが悩みです。

　また、移行支援計画の作成時に関係者で共有しても、職員の異動などで連携がだんだんと希薄になってしまい、その子の成長を追って見ていくのが難しいという課題も感じています。**(ア)**

### 全体の感想

　綿密な内容がコンパクトに凝縮され、よくまとめられた計画ですね。市全体で子どもの支援体制を整え、関係者同士がよく連携している様子が伝わってきました。

　園から小学校への移行支援における視点として大事なのは、
　・園では"何をどこまで"はぐくんできたか
　・今後の課題はどのようなことか

という点です。さらにこれらについて、
　・特に個別対応が必要な部分
　・集団内でかかわれる部分

に分けて表現されていると、就学後の対応がより明確になるかもしれません。

### Gちゃんについて想像すること

　生活習慣が身についているGちゃんですが、見通しや予定がはっきりしていないと戸惑いやすく、自由さがあるよりも、枠がきちんとしているあそびのほうが楽しめそうですね。

　かかわりの輪を急速に広げるよりも、ゆっくりとわかりやすい声掛けをして、もっとGちゃんが自信をもてることを目指したいですね。

就学を支援する　**移行支援計画**

## ① "途切れない支援"を行うには……

「計画を作ってみての感想」（P120）に"子どもの成長を継続して支援する体制づくりが課題"**(ア)** とありました。これは、どこの自治体も抱えている悩みだと思います。長期的な視点で支援を継続させていくために、そちらの自治体で工夫していることはありますか？

はい。まずは移行支援計画を作成した子どもに限らず、5～6月ごろに各小学校から幼稚園・保育園にお誘いがあり、授業の様子を見たり、全体的な話し合いをしたりする連絡会があります。必要があれば、移行支援計画の対象児について個別に話し合いをもったり、支援について確認したりもしています。

それ以降も、小学校のなかでは支援会議が行われていきますが、園はほとんど関与しなくなります。「小さいころの様子はどうだったのだろう？」などと乳幼児期の様子を振り返る必要があるときなど、その後も小学校から園にもっとアプローチをしてもらえるようなしくみも必要だと感じています。

不安の強い子どものなかには、早々に足がすくむ場合と、5月の連休明けまでは必死に頑張って適応しようとする場合とがあります。1学期中ごろという時期はその意味で適切であり、作ったものを一度限りにしないという姿勢はすばらしいですね。

その他に親子を支援するツールとして、わたしたちの市では、「サポートファイル」も作成しています。これは、子どもの発達の相談に来た保護者のうち、希望した人に渡すファイルで、成育歴や発達検査の結果、療育プログラム内容などを記述したり、ファイルしたりするものです。

保護者はこのファイルを持ってさまざまな所に相談に行ったり、クラスが進級するときに新しい担任に渡したり、というように活用し、子どもや保護者の理解とサポートがどこでもスムーズに引き継がれるよう、活用されています。

ただ、このファイルはあくまでも希望した保護者にしか渡されません。保護者の受け止め方によるので、"本当に必要な"親子が活用していない、という状況もあります。このサポートファイルは、家庭への配布や活用の面で、まだまだ検討の必要があります。

最近、多くの市町村で取り組まれている"継続した記録"ですね。こうしたファイルでぜひ強調したいのは、問題抽出・解決という記載に加えて、"今、表出している素敵な育ち"を記載しておくことです。本当に必要な親子が活用できていない状況があるということですが、もしかすると、このファイルが"問題のある子どものため"というニュアンスが伝わっているからかもしれません。ふと振り返ったとき、いつのときも輝かしいときがあったという記録になっていくと、保護者の受け止め方も変わってくるかもしれませんね。

## ②"保護者の思い"を小学校に引き継ぐ

> 移行支援計画では、"保護者の思い"も大事にしたい要素のひとつであり、書くのが難しくもあるところですよね。

> はい。実は一番難しい部分かもしれません。園や小学校側の思いと、保護者の思いとの間にギャップが生じることもあって……。

> 保護者に関しては、次のような要素を押さえておくといいと思います。
>
> - **保護者の心の推移・葛藤の経緯**
>   入園直後はこのような気持ちだったが、最近はこうした思いをもち、関係者に対してはこのような思いを抱いている、など。
> - **保護者の希望・願いと現状**
>   保護者の願いと、その願いに対して実際はこういう状況にある、現在園ではこのようにかかわっている、など。
> - **保護者から見た子どもの意欲や就学後のイメージ**
>   保護者の視点から、子どもがどんな気持ちで就学を迎えようとしているか（楽しみにしているか）、だれと仲がよく、就学後どんな姿を見せるかといったイメージ、など。

> なるほど。このように保護者の思いを分析しておくと、ずいぶん整理されますね。どうして保護者と保育者との間でギャップができているのかも、見えてくるように思います。ぜひそのような視点で検討してみたいと思います。
> ただ、一番難しいと感じているのは、感想のところでも述べたように、なかなか保護者と連携がとれず、話し合いをもつのが難しいケースです。

> そうですよね。同様の悩みをよく耳にします。そのようなケースに対して、先生はどのように取り組んでいらっしゃるのでしょうか？

> 就学直前になって、「実はお子さんが……」という話をしても、保護者がそれを受け止められないのは当然のことなので、時間をかけ、働きかけ続けることが大事なのではないかと思っています。
> 例えば、ふだんから子どもの様子や、保育者が行っている具体的な支援などをこまめに伝え、成長を共に喜び合いながら、支援の効果や必要性を保護者に理解してもらえるように努めます。そうすると、就学前の計画作成会議に参加するのはまだ抵抗があるけれど、園に託しますのでお願いします、とおっしゃってくださる保護者もいます。

就学を支援する **移行支援計画**

まず、"その子の素敵なところ・かけがえのない姿"をしっかり伝えたうえで、「さらに時間をかけて丁寧にかかわっている部分もあります」と説明すると、どちらも保護者にとって納得できる事柄になるのではないかと思います。そのうえで、「今後、そうした"時間をかけて丁寧にかかわる必要のある部分"をどのようにしていくとよいか」と保護者にたずねられたときに、医療や心理の専門家も一緒に検討してもらう機会があるとよいかもしれませんね。

そうですね。以前、発達教育支援センターが間に入ることで、うまくいったケースもありました。すべてを園で抱え込もうとする必要はないのですね。

それでもやっぱり、保育者からのアプローチを保護者が受け入れられないケースもあります。そのような場合は、園がふだんからどれだけ小学校と連携がとれているか、がポイントになると思います。なるべく小学校の先生とこまめにコミュニケーションをとり、子どもの話題を共有するなかで、「このお母さんはこういうことに興味があるから、こんな話題をふってみたらよいかも」「こういう言い方は避けた方がよさそう」などと伝え、子どもも保護者も、少しでも安定して過ごせるための橋渡しができたら……と思っています。1、2月に幼稚園が主体となって行う保幼小連絡会での情報のやりとりも、よい機会になっています。

そのような情報交換は、子どもの様子や保護者の情報を、承諾なく共有するということになりますので、非公式な取り組みとなるかもしれませんね。僕は個人的に、専門家同士ということで、"集団守秘義務"という大きなくくりで考えることもできると思っていますが、専門家同士という枠組みに加えて、そこに関係者同士の信頼関係がどのように樹立しているかが課題になるでしょう。

## 小学校の担任の先生より

Gちゃんの入学時の様子や、その後の支援について教えてもらいました。

### 入学にあたって、どんな準備をしましたか？

入学前に園からの情報があったので、事前に次のような準備ができました。

〈入学前に一日入学〉
・学級や小学校の環境を見たり、上級生と顔合わせをしたりした。
・朝の会などの活動を一緒に行い、「小学校の活動って楽しい」という思いがもてるようにした。

〈入学式直前〉
・式場で事前に、実際に座る席に座ったり、返事の練習を行ったりした。
・式の流れを示したカードを作り、当日どう行動したらよいかを、写真や文字で知らせた。
・下駄箱の位置や教室の席も知らせて、実際に座ってみた。

**小学校でのGちゃんの支援・指導で、移行支援計画をどのように活用しましたか？**

　移行支援計画で、Gちゃんの得意・不得意、興味・関心などを知り、特性や実態をつかむうえで、また、学習課題の設定や配慮の面でとても参考になりました。これらを前もって知っておくことで、注目するポイントが焦点化されたと思います。

　保護者の思いを事前に把握できたことも重要で、保護者がとらえるGちゃんと、園や学校がとらえるGちゃんとの間で生じるギャップを埋めていく手がかりになりました。保護者は、「できないと決めつけず、教科指導をしっかりやってほしい」という思いをもっていました。一方わたしは、まず「体験や人とのかかわりを広げることが第一」だと感じていました。そこで園でも行っていたように、連絡帳でGちゃんの頑張りや、苦手なことなどを具体的に伝え、時にはGちゃんが一番楽しかったであろう場面を写真に撮って、添えました。これを積み重ねることで、保護者にこちらの意図が伝わり、同じ目線で子どもを見ることができるようになりました。

　このように学校と家庭が連携し合うようになって、Gちゃんも少しずつコミュニケーションが増えてきたように思います。

　"スタートがスムーズにいくかどうか"が、Gちゃんの小学校生活が楽しいものになるかどうかを大きく左右します。そんな滑り出しをサポートするには、園からの事前の情報が欠かせません。移行支援計画だけでなく、計画作成の際の話し合いや、これまでの記録などからも、たくさんのヒントをいただき、園の先生にはとっても感謝しています。

　最初が大切ということで、入学の事前練習を十分にされたことがすばらしいですね。ここまで保護者の心に寄り添う教育は、当然子どもにも伝わります。写真でよい場面が撮れるということも、実は子どもからの全幅の信頼があって初めてできることです。

　理想を具現化した教育のあり方がここにあると言っても過言ではないでしょう。

# おわりに

　念願の書ができました。保育の現場で役に立つ、というより、ぜひ役に立たせていただきたいと願っていた一冊です。

　「個別の指導計画」……なんとも硬い響きです。多くの方が一歩を踏み出すのに躊躇するのも無理はありません。一体なんのために書くのか、どのように書くのか、書いたら子どもの育ちや保育者の成長にどうつながるのか……。たくさんの疑問をおもちのことでしょう。

　本書には、そうした疑問をもっていた保育者が、「個別の指導計画」の作成を通して真剣に保育に向き合った様子が綴られています。「はじめに」で田中先生が書かれているとおり、この本は、保育者が子どもに付き合い、親に寄り添い、そして自分に向き合った実践の書です。

　本書後半の「実践編」には、7つの素敵な保育実践が寄せられました。

　A君の≪日誌タイプ≫の実践には、焦点を絞って記録していくと見えてくるものがあると綴られています。見えてくるにしたがって、難しさも感じるようになるとも語っています。その「難しい」ととらえたことを次の改善につなげているのですから、本当に見事です！

　Bちゃんの≪年間のまとめタイプ≫の実践は、初めて個別の指導計画を書こうとする保育者にとって、励みになるのではないでしょうか。「1年前にさかのぼるのは大変なのでは？」と思いましたが、書きためたメモや簡単な記録がとても役に立ったとのこと。そこもすごいです！

　C君の≪期の計画≫の実践は、保護者も加わった計画です。保護者の願い欄の行間からにじみ出ているのは、C君へのあふれる愛情や切なる願いだけではないでしょう。園と保護者の理想的な連携関係こそが、C君にとって最高の環境を生み出しているのですね。素敵です！

　D君の≪エピソード記述≫の実践には、驚かされ、感心し、共感させられました。保育者ならだれもが感じながら隅の方へ押しやっていることを、考察を二度重ねることで深く掘り下げ、堂々と認め、自分自身を改革しています。真実を直視する勇気と素直さに脱帽です！

　Eちゃんの≪期の計画≫は、市が作った書式で作成された実践です。シンプルに整理され、書きやすいものになっています。自治体が力を入れているというのはありがたいですね。スッと計画に入っていける分、Eちゃんの成長に直結する感じです。手本にしたい自治体です！

　F君の≪カンファレンスタイプ≫の実践はユニークで、形式にとらわれなくてよいのだと勇気づけられます。後述しますが、それはカンファレンスで重要とされる、"建前でなく本音で話す"、"共通理解を急がずそれを旗印にしない"などの素地があるからだと思います。最高です！

　Gちゃんの≪移行支援計画≫の実践は、就学に直面して悩んだときにとても大切なことを提示しています。子どもを中心に据え、園が中心となり、保護者、小学校、関係機関、教育委員会など関係者がしっかりかかわっていることがすばらしいですね。全国に広げたいです！

　7つの実践例のよいところは、とても書ききれません。ですが共通しているのは、どの実践も、どの計画も、どの保育者も、子どもへの愛にあふれていることです。それは、本書の特徴でもある、田中先生との"プチカンファレンス"からも、ギュッと心に響いてくることでしょう。

ところで"カンファレンス"とは、もともと医療や福祉などの分野で行われている話し合いの方法で、特定の問題について、関係者が資料にもとづいて解決の方法を探っていくことです。昨今は、保育の現場でも重視されています。保育者が問題解決のためにどれだけチームワークを発揮し、開かれた場として課題を共有できるか、などが問われているからです。特別に配慮を要する子どもや、発達の緩やかな子どもたちについて保育を展開しようとするとき、園内でカンファレンスの素地ができていることが、ますます重要になってくることでしょう。

　カンファレンスで大切と言われていることを挙げてみます。

- ●建前ではなく本音で話す
- ●共通理解を急がずそれを旗印にしない
- ●どのようなささいな意見も取り上げる
- ●そのことによって、自分の視野になかった多角的な視点が得られるようにする
- ●年輩者が若い人を導くという形ではなく、それぞれの成長を支え合う方向で行う

　また、発達の気になる子の保育においてもうひとつ大切なことは、リーダー（園長などの管理職）の役割です。リーダーの役割とは、

- ●みんなが意見を出しやすい雰囲気をつくること
- ●議論の参考になる情報を提供すること
- ●混乱した議論を整理すること
- ●わかりにくい発言について確認すること
- ●出された結果を評価すること
- ●新しいテーマを提案すること　　　などが挙げられます。

　さて、本書を読んで「個別の指導計画」を作ってみよう、挑戦してみようと思えるようになったでしょうか？　作って、試して、子どもの成長にぜひつなげてほしいと願っています。

　終わりになりましたが、わたしは、編集の中野明子さん、学研教育出版の長谷川晋さん、イラストレーターの佐藤かおりさん、デザイナーの長谷川由美さん、玉本郷史さんの情熱とご尽力がなければ、この書の実現はなかったと確信しています。この場をお借りして、関係者の皆様に心より感謝を申し上げます。本当にありがとうございました。

　　　　　『保育』というのは奥深い。ますます興味が尽きません

　　　　　　　　　　　　　　　　　酒井幸子

## 執筆者紹介

**監修・執筆　酒井幸子**

武蔵野短期大学教授・同附属幼稚園長・青山学院大学非常勤講師。聖徳大学大学院児童学研究科修了。東京都公立幼稚園で教諭・教頭・園長、母子愛育会愛育幼稚園で園長を務めた後、2011年より現職。東京都公立幼稚園教育研究会長、全国国公立幼稚園長会会長、全国国公立幼稚園ＰＴＡ連絡協議会顧問等を歴任。また、幼稚園教員の資質向上に関する調査研究協力者会議委員をはじめ、中央教育審議会幼児教育部会委員、同じく特別支援教育専門部会委員等、文部科学省関係の委員を務める。子どもたち一人ひとりの幸せと、保育の現場に役立つことを願い、日々さまざまな課題に取り組んでいる。
主な著書として『幼稚園・保育所の先生のための障害児保育テキスト』（共著・教育出版）、『発達障害のある子へのサポート実例集　幼稚園・保育園編』（共著・ナツメ社）、『保育内容・人間関係』（編著・萌文書林）、『子どもと楽しむ自然体験活動』（共著・光生館）など。

**田中康雄**

こころとそだちのクリニックむすびめ院長。児童精神科医・臨床心理士。獨協医科大学医学部卒業後、旭川医科大学精神科神経科医局入局。同病院外来医長、北海道立緑ヶ丘病院医長、同病院児童部門担当、国立精神・神経センター精神保健研究所児童・思春期精神保健部児童期精神保健研究室長を経て、北海道大学大学院教育学研究院附属子ども発達臨床研究センター教授に。2012年5月より現職。専門は児童・思春期精神医学。地域や現場に積極的に足を運び、他職種と手を携えて、日夜子どもをめぐる問題に取り組んでいる。
主な著書として『ＡＤＨＤの明日に向かって』（星和書店）、『わかってほしい！気になる子』『気になる子の保育Ｑ＆Ａ』『軽度発達障害のある子のライフサイクルに合わせた理解と対応』（共に学研教育出版）、『つなげよう』（金剛出版）など。

**執　筆**

**基本編・実践編**　　西田美枝子／保育士　特別支援教育士　幼児カウンセラー
**基本編**（P60～61）・**実践編**　　作野浩子／小学校教諭
**基本編**（P56～59）　中野圭子／臨床発達心理士
**実践編**　稲垣みか／幼稚園教諭
**実践編**　大河原友紀／幼稚園教諭
**実践編**　大和由理子／保育士
**実践編**　隠田桂子／幼稚園教諭
**実践編**　松本信吾／幼稚園教諭　学校心理士
**実践編**　森田直子／幼稚園教諭

**取材協力**
島根県松江市発達・教育相談支援センター
東京都日野市教育委員会
長野県諏訪市こども課

# 「個別の指導計画」索引

## 基本編

① はじめの一歩表 … P22　　計画作りの準備の表。最初に何を整理しておけばよいかがわかる。これ自体も個別の指導計画に。

② 個別の指導計画書式イメージ … P34　　オーソドックスな個別の指導計画書式のイメージ。どんな項目で計画が構成されているかがわかる。

③ 期の個別の指導計画記述例 … P45　　4歳児の期の個別の指導計画の具体的な記述例。記述のポイントも詳しく解説。

④ 指導記録（年間計画）… P46　　④〜⑦は、B保育園で実際に作られている一連の計画書式例。まず、入園時や年度はじめに現状を整理して、これから1年間の保育方針を立てるために書く「指導記録」。初めて個別の指導計画を作る人は、まずこれを書くだけでもだいぶ困り感が整理される。

⑤ ○○ちゃんの支援計画シート（年間・期の計画）… P47　　④の「指導記録」を受けて、期ごとに記述する個別の指導計画書式。とてもシンプルな構成なので、とにかくポイントはしっかり押さえておきたいという人におすすめ。

⑥ 週案 … P48　　個別の週案書式。

⑦ 日案 … P49　　個別の日案書式。

⑧ 就学支援シート … P56　　子どもの就学に向けて情報を共有するためのシート書式（日野市）。

## 実践編

⑨ 日誌タイプ … P68〜69　　日々の記録を計画ふうに整理した実践。気になる姿に焦点を絞って、掘り下げたい人におすすめ。

⑩ 年間のまとめタイプ … P76〜77　　1年の記録を整理して次年度につなげた実践。保育を振り返り、実践を整理したい人におすすめ。

⑪ 期の計画 … P84〜85　　脚に障がいのある子どもの個別の指導計画。保護者と連携した計画作りを目指す人におすすめ。

⑫ エピソード記述 … P92〜94　　1年間をかけて記録し、考察を深めたエピソード記述。自身の保育を見つめ直したい、子どものことをもっと理解したいという人におすすめ。

⑬ 期の計画 … P102〜103　　自治体が作った書式による個別の指導計画。保育の5領域を参考にした計画書式を検討している人におすすめ。

⑭ カンファレンスシート … P110〜111　　ケースカンファレンス（事例検討）で手がかりになるシート。カンファレンスを導入したいと考えている人におすすめ。

⑮ 移行支援計画 … P118〜119　　就学後の"途切れない支援"を目指して作成した移行支援計画。どのように移行支援をしたらよいかを考えている人におすすめ。